2018年贵州省教育科学规划重点课题
《贵州省集中连片特困地区乡村教师素质提升路径及保障机制研究》阶段性成果，
课题编号：2018A010

2019年贵州省教育厅自然科学研究项目
《集中连片特困地区乡村教师心理资本与教师素质提升关系研究》阶段性成果，
课题编号：黔教合KY字〔2019〕226

集中连片特困地区乡村教师素质提升及支持服务体系研究

刘 琼——著

四川·成都

图书在版编目(CIP)数据

集中连片特困地区乡村教师素质提升及支持服务体系研究/刘琼著.—成都:西南财经大学出版社,2020.8
ISBN 978-7-5504-4483-6

Ⅰ.①集… Ⅱ.①刘… Ⅲ.①贫困区—农村学校—教师素质—师资培养—研究—中国 Ⅳ.①G451.2

中国版本图书馆 CIP 数据核字(2020)第 148113 号

集中连片特困地区乡村教师素质提升及支持服务体系研究

刘琼 著

责任编辑:冯雪
封面设计:墨创文化
责任印制:朱曼丽

出版发行	西南财经大学出版社(四川省成都市光华村街 55 号)
网 址	http://www.bookcj.com
电子邮件	bookcj@foxmail.com
邮政编码	610074
电 话	028-87353785
照 排	四川胜翔数码印务设计有限公司
印 刷	四川五洲彩印有限责任公司
成品尺寸	170mm×240mm
印 张	11.5
字 数	205 千字
版 次	2020 年 8 月第 1 版
印 次	2020 年 8 月第 1 次印刷
书 号	ISBN 978-7-5504-4483-6
定 价	72.00 元

前 言

乡村教育是我国教育事业的重要组成部分，具有十分重要的地位。改革开放以来，乡村教育的面貌发生了深刻变化，但乡村教育整体薄弱的状态没有得到根本扭转。2019 年 2 月，教育部新闻发布会指出，截至 2018 年年底，全国共有乡村教师 292 万人，其中中小学教师近 250 万人，幼儿园教师为 42 万多人，40 岁以下的青年教师占 58.3%。可见，乡村教师的队伍依然庞大。乡村教师的素质水平直接关系到我国乡村教育整体发展状况，乡村教师已经成为现阶段我国打好脱贫攻坚战、全面建成小康社会、实施乡村振兴战略的关键环节和重要基础。乡村教师强，则乡村教育强。特别是作为“弱势群体”的集中连片特困地区的乡村教师，他们的素质状况更需要被关注。

本书主要由七章构成：

第一章是绪论。该章主要介绍研究背景、研究价值、概念界定、研究思路、研究方法以及本书的创新与不足之处。

第二章是集中连片特困地区乡村幼儿教师素质现状研究。该章主要介绍集中连片特困地区乡村幼儿教师在专业理念与师德、专业知识、专业能力、身心健康方面的素质现状及主要问题。

第三章是集中连片特困地区乡村小学教师素质现状研究。该章主要介绍集中连片特困地区乡村小学教师在专业理念与师德、专业知识、专业能力、身心健康方面的素质现状及主要问题。

第四章是集中连片特困地区乡村中学教师素质现状研究。该章主要介绍集中连片特困地区乡村中学教师在专业理念与师德、专业知识、专业能力、身心健康方面的素质现状及主要问题。

第五章是多重阻隔：集中连片特困地区乡村教师素质提升的现实困境。该章主要介绍阻碍集中连片特困地区乡村教师素质提升的五大显性困境：教学困境、待遇困境、地位困境、职称困境和动力困境；并介绍了四大隐性困境：乡村教师信任危机、乡村教师的文化困境、乡村教师专业知识不足和乡村教师专业学习缺乏。

第六章是集中连片特困地区乡村教师素质提升的意义及机遇。该章主要介绍集中连片特困地区乡村教师素质提升具有三方面意义：一是新时代人才发展的战略要求；二是振兴乡村教育的必然要求；三是教师自身发展的内在要求。集中连片特困地区乡村教师素质提升的机遇主要有政策支持、培训助推、经费投入三个方面。

第七章是集中连片特困地区乡村教师素质提升的路径及支持服务体系。该章主要介绍乡村教师能力素质提升的“认知、认同、实践”路径，集中连片特困地区乡村教师素质提升支持服务体系包含加强顶层设计，提供系统的外源性支持；定位发展需求，构建适宜的教师教育体系；强化正向激励，创建积极的微观环境。

刘琼

2020 年 4 月

目　录

第一章　绪论

一、研究背景

乡村教育是我国教育事业的重要组成部分，具有十分重要的战略地位。改革开放以来，乡村教育的面貌发生了深刻变化，但乡村教育整体薄弱的状态没有得到根本扭转。2019 年 2 月，教育部新闻发布会指出，截至 2018 年年底，全国共有乡村教师 292 万人，其中中小学教师近 250 万人，幼儿园教师为 42 万多人，40 岁以下的青年教师占 58.3%。可见，乡村教师队伍依然庞大。城乡教育的差别有进一步扩大的趋势，加快乡村教育事业的发展，是构建和谐社会，促进城乡协调发展的战略要求。2003 年，国务院召开了新中国成立以来首次全国农村教育工作会议，明确了农村教育重中之重的战略地位，做出了多项有利于农村教育发展的重大决策。会议颁布了《国务院关于进一步加强农村教育工作的决定》，指出农村教育在全国建设小康社会中具有基础性、先导性、全局性的重要作用，而乡村教师的素质直接影响着农村教育的质量。2010 年，在《国家中长期教育改革和发展规划纲要（2010—2020 年）》指出："教育大计，教师为本。有好的教师，才能有好的教育。"因此，我们应提升教师素质，努力造就一支师德高尚、业务精湛、结构合理、充满活力的高素质专业化教师队伍。《国务院办公厅关于印发乡村教师支持计划（2015—2020 年）的通知》（国办发〔2015〕43 号）（以下简称《支持计划》）明确指出："实施乡村教师支持计划，对于解决当前乡村教师队伍建设领域存在的突出问题，吸引优秀人才到乡村学校任教，稳定乡村教师队伍，带动和促进教师队伍整体水平提高，促进教育公平、推动城乡一体化建设、推进社会主义新农村建设、实现中华民族伟大复兴的中国梦具有十分重要的意义。"《支持计划》秉持师德为先，以德化人；规模适当，结构合理；提升质量，提高待遇；改革机制，激发活力的基本原则；提出了“到2020年，努力造就一支素质优良、甘于奉献、扎根乡村的教师队伍，为基本实现教育现代化提供坚强有力的师资保障”的工作目标；并明确了全面提高乡村教师思想政治素质和师德水平，拓展乡村教师补充渠道，提高乡村教师生活待遇，统一城乡教职工编制标准，职称（职务）评聘向乡村学校倾斜，推动城镇优秀教师向乡村学校流动，全面提升乡村教师能力和素质，建立乡村荣誉制度等重要举措，为乡村教师的专业发展和条件改善提供了制度保障。

党的十九大报告提出，建设教育强国是中华民族伟大复兴的基础工程，必须优先发展教育事业。而培养高素质教师队伍是提高国民素质的基础性工作。党的十九大之后中共中央国务院发布了两个重要文件，一个是2018年1月20日，在《中共中央 国务院关于全面深化新时代教师队伍建设改革意见》中专门提出“大力提升乡村教师待遇”，并明确要求“造就党和人民满意的高素质专业化创新型教师队伍”。另一个是2018年3月22日，教育部等五部门关于印发《教师教育振兴行动计划（2018—2022年）》的通知（以下简称《行动计划》)，《行动计划》提出，经过5年左右的努力，采取切实措施建强做优教师教育，推动教师教育改革发展，全面提升教师素质能力，努力建设一支高素质专业化创新型教师队伍。《行动计划》将主要措施明确为“十大行动”，其中之一就是“乡村教师素质提高行动”，该“行动”明确指出：“各地要以集中连片特困地区县和国家级贫困县为重点，通过公费定向培养、到岗退费等多种方式，为乡村小学培养补充全科教师，为乡村初中培养补充‘一专多能’教师，优先满足老少边穷岛等边远贫困地区教师补充需要。加大紧缺薄弱学科教师和民族地区双语教师培养力度。加强县区乡村教师专业发展支持服务体系建设，强化县级教师发展机构在培训乡村教师方面的作用。培训内容针对教育教学实际需要，注重新课标新教材和教育观念、教学方法培训，赋予乡村教师更多选择权，提升乡村教师培训实效。推进乡村教师到城镇学校跟岗学习，鼓励引导师范生到乡村学校进行教育实践。”

乡村教师素质水平直接关系到我国乡村教育整体发展状况，乡村教师已经成为现阶段我国打好脱贫攻坚战、全面建成小康社会、实施乡村振兴战略的关键环节和重要基础。乡村教师强，则乡村教育强。我们需要全面提高乡村教师素质，培养一批“下得去、留得住、教得好、有发展”的乡村教师。特别是作为“弱势群体”的集中连片特困地区乡村教师，他们的素质状况更需要被关注。

二、研究价值

（一）本研究的理论价值

本研究的理论价值主要体现在从查阅的文献来看至今为止还没有学者就集中连片特困地区乡村教师素质进行研究，对集中连片特困地区乡村教师素质提升的研究更是乡村教师教育理论的空白点，这个空白点无疑是值得我们去填补的，这对完善乡村教师教育理论会起到不可忽视的作用。

（二）本研究的应用价值

我国政府近年来也逐渐开始重视乡村教师素质问题。在这种形势下，本研究全方位聚焦处于集中连片特困地区乡村教师素质，针对贵州集中连片特困地区乡村教师素质提升过程中的诸多现实问题，发现优化集中连片特困地区教师素质提升路径不仅可以为贵州乡村教师素质的提升提供思路，而且可以为全国集中连片特困地区乡村教师素质提升起到示范引领、辐射带动的作用，这正是本研究的应用价值。

三、概念界定

（一）集中连片特困地区

集中连片特困地区是特别贫穷的地区，它并不是单个现象，无论是发展中国家还是欠发达国家，都存在集中连片特困地区的现象。集中连片特困地区有广义和狭义之分，广义的集中连片特困地区是由两个或两个以上的县、市或省构成；狭义的集中连片特困地区可由相连接的两个或两个以上行政村或乡镇构成。集中连片特困地区的主要特征是贫困现状的集中性、贫困成因的复杂性、贫困程度的深沉性。

1986 年，中国政府便划定了努鲁儿虎山地区等 18 个集中连片特困地区，并在后期通过实施加强基础设施建设等措施，有针对性地对集中连片特困地区实施扶贫。后来，在中共中央、国务院印发的《中国农村扶贫开发纲要（2011—2020 年）》再次提出“连片特困地区”这一概念，并将“集中连片特困地区”作为新阶段扶贫攻坚的主战场。集中连片特困地区的具体划分标准“按照集中连片、突出重点、全国统筹、区划完整的原则”，以2007—2009年的人均县域国内生产总值、县域农民人均纯收入、人均县域财政一般预算收入等与贫困程度高度相关的指标为基本依据，兼顾革命老区、边疆地区、民族地区的具体情况，在全国划分了11个集中连片特困地区，再加上已明确实施特殊扶持政策的西藏、四省藏区、新疆南疆三地州，总共14个片区，共计680个县作为扶贫攻坚主战场。表1-1和1-2分别是2011年集中连片特困区和贵州省集中连片特困地区分县名单。我国14个集中连片特困地区的农民人均纯收入为2 676元，仅相当于全国平均水平的一半；在全国综合排名最低的600个县中，有521个在片区内，约占86.8%。

表1-1　2011年集中连片特困区

2011年划定的集中连片特困地区
六盘山区、秦巴山区、武陵山区、乌蒙山区、滇桂黔石漠化区、滇西边境山区、大兴安岭南麓山区、燕山-太行山区、吕梁山区、大别山区、罗霄山区、西藏、四省藏区、新疆南疆

表1-2　贵州省集中连片特困地区分县名单

地市名	县名
遵义市	桐梓县、习水县、赤水市
毕节市	大方县、黔西县、织金县、纳雍县、威宁彝族回族苗族自治县、赫章县
六盘水市	六枝特区、水城县
安顺市	西秀区、平坝区、普定县、镇宁布依族苗族自治县、关岭布依族苗族自治县、紫云苗族布依族自治县
黔西南布依族苗族自治州	兴仁市、普安县、晴隆县、贞丰县、望谟县、册亨县、安龙县
黔东南苗族侗族自治州	黄平县、施秉县、三穗县、镇远县、岑巩县、天柱县、锦屏县、剑河县、台江县、黎平县、榕江县、从江县、雷山县、麻江县、丹寨县
黔南布依族苗族自治州	荔波县、贵定县、独山县、平塘县、罗甸县、长顺县、龙里县、惠水县、三都水族自治县、瓮安县

（二）乡村教师

关于“乡村”的定义，不同的学者有不同的观点，以罗德菲尔德为代表的部分外国学者认为“乡村是人口稀少、比较隔绝、以农业生产为主要经济基础、人们生活基本相似，而与社会其他部分，特别是与城市有所不同的地方”。在我国学者看来，乡村与农村并无明显区别，在《辞源》一书中，乡村被解释为居民以农业为经济活动基本类型、人口分布较城镇分散的地方，又称农村；《中国百科大辞典》也认为乡村又称“农村”，将其定义为区别于城镇的一类居民点总称。我国著名农村教育研究者唐松林认为，乡村指的是乡镇和村等行政区域，这其中不包括县城。因此，从我国学者的观点看来，乡村即指农村，主要指区别于城镇的一类地区。

教师作为教书育人的专职工作者，接受了专门系统的培养，通过向教育对象传授文化科学知识和思想品德教育来培养社会需要的人才。教师一般是指包括在各级各类学校和其他教育机构中专门从事教育教学工作的人。

关于“乡村教师”，唐松林认为其主要是以农村人口为教育对象并为农村经济社会发展服务的教育工作者；乡村教师生活在广大的县以下的乡镇和村落学校。

基于上述分析，本研究将“乡村教师”界定为在县以下的乡镇和村落学校工作，以乡村学生为主要教育对象，进行科学文化知识传授和社会建设人才培养的教育工作者，他们作为我国一支比较特殊的教师队伍，是一个区别于城市教师、应当给予格外关注的群体。

（三）教师素质

关于教师素质，国外更多地使用教师知识、教学胜任能力、教师个性品质、教学风格等概念。在我国，教师素质作为一个学术概念首次由喻梦林在1986年提出，即“教师素质是履行教师职责的主观的稳定因素，是一种潜在的活力”，她还提出教师素质的形成、发展和变化具有“时代性、师范性、结构性、层次性、因果性、稳定性”等特征。另外，国内研究者还从不同的角度对教师素质的概念提出了不同的界定。首先有以林崇德等为代表的学者站在心理学视角下界定教师素质概念的。代表论文有林崇德的《教师素质的构成及其培养途径》，该论文将教师素质界定为“教师在教育教学活动中表现出来的，决定其教育教学效果，对学生身心发展有直接而显著影响的心理品质的总和。”其次有以甄德山、唐松林等为代表的学者站在“职业质量说”视角下界定教师素质概念的。代表论文有甄德山的《有关教师素质研究中的几个问题》，该论文将教师素质界定为教师稳固的职业质量，它是以人的先天禀赋为基础，通过科学教育和自我提高而形成的具有一定时代特点的思想、知识、能力等方面的身心特性和职业修养。再次有以陈云英、陈德珍等为代表的学者站在“基本条件说”视角下界定教师素质概念的。代表论文有陈云英的《我省中学教师素质现状的调查与分析》，该论文将教师素质界定为教师履行“教书育人”职责，完成教育教学任务所必须达到的基本要求和条件。再次有以冯志亮等为代表的站在“综合要素说”视角下界定教师素质概念的。代表论文有冯志亮的《教师素质与素质教育》，该论文将教师素质界定为教师基于社会需要、职业需要、个人需要和个人天赋而养成的人生观、价值观，养成的与职业要求相应的知识、技能、理论、艺术、思想水平以及生理素质、心理状态和行为习惯。最后有以叶澜等为代表的学者站在“质量含义说”视角下界定教师素质概念的。代表论文有叶澜的《新世纪教师专业素养初探》，该论文将教师素质界定为“教师的专业素养是当代教师质量的集中表现，它应以承认教师职业是一种专业性的职业为前提。”

基于上述分析，本研究的教师素质又称教师专业素质，是指教师能顺利从事教育活动的基本品质或基础条件，是个体在一般素质的基础上形成和发展起来的教师职业的基础性和通识性素质和品质，是基本胜任教育教学工作的教师必备的专业品质，主要包括专业理念与师德、专业知识和专业能力等。

四、研究思路

本书通过研究集中连片特困地区、乡村教师的素质、核心概念和乡村教育的意义，揭示乡村教师素质提升的重要性；整理分析影响集中连片特困地区乡村教师素质提升的困境，对集中连片特困地区乡村教师素质提升的现状进行调查与分析；进而提出优化路径及支持体系，为贵州省甚至其他地区乡村教师教育提供建设性的建议。

五、研究方法

（一）文献研究法

本研究主要通过在网络上搜索“集中连片特困地区”“教师素质”两个关键词来下载期刊、文件、博硕论文，查阅参考相关书籍、搜索相关网站上的资料来了解与本研究有关的理论和实践背景、教师素质发展脉络以及最新研究成果。

在此基础上，笔者不断积累研究素材、挖掘写作灵感，进一步发现集中连片特困地区乡村教师素质方面存在的问题，从而为提出乡村教师素质提升对策奠定基础。

（二）问卷调查法

问卷是收集研究数据资料的主要工具，能为开展研究提供实证支撑。本研究以教育颁布的《中学教师专业标准（试行）》《小学教师专业标准（试行）》《幼儿教师专业标准（试行）》（以下简称为《教师专业标准》）作为问卷编制的主要参考依据；另外，加入对教师素质发展的相关变量，如年龄、教龄、职称等。由于受时间和地点的限制，本研究的问卷调查主要采取网络填写和回收的方式，以求从结果中寻找集中连片特困地区乡村教师素质的现状及存在问题，为进一步分析问题和解决问题提供实证资料。

六、创新与不足

（一）本研究的创新之处

本研究通过对集中连片特困地区乡村教师的数据调查，对集中连片特困地区乡村中小学教师及幼儿教师的素质情况进行调查分析，得出重要结论，并在此基础上提出有针对性的建议和意见。综观本书内容，可能有的创新之处主要有以下几点。

第一，从样本的选取方面来看，数据选取了整个贵州省集中连片特困地区的部分乡村教师，具体包括遵义市、毕节市、六盘水市、安顺市、黔西南布依族苗族自治州、黔东南苗族侗族自治州、黔南布依族苗族自治州，样本范围具有一定的全面性和有效性。

第二，在研究内容上，本研究抓住“集中连片特困地区”与“教师素质”的结合点，探讨集中连片特困地区乡村教师的素质问题。本研究在乡村教师素质评价标准上结合《教师专业标准》，在对集中连片特困地区乡村教师素质问题进行理性思考的基础上提出进一步提升乡村教师素质的对策性建议，突出对集中连片特困地区乡村教师素质提出的对策，具有更强的针对性。

（二）本研究的不足之处

首先，在调查问卷的设计上，影响教师素质的因素有很多，在《教师专业标准》中的规定有 60 多条，但为通过实际调查，笔者对其进行适当调整，使其更加符合集中连片特困地区乡村中小学教师及幼儿教师的要求。其次，由于抽取样本不是特别多，代表性不强，需要进一步完善。再次，由于笔者对调查研究的分析方法掌握得不是很好，因此，对本次研究所收回的调查数据只做了力所能及的分析和处理。最后，本书研究的是社会现实问题，国家在这方面所颁布的政策和相关数据更新较快，笔者在选择研究材料时因多方面因素可能未及时更新。

第二章　集中连片特困地区乡村幼儿教师素质现状研究

一、调查设计

（一）调查目的

笔者对贵州省集中连片特困地区乡村幼儿教师的素质进行调查，目的在于了解和把握当前我国集中连片特困地区乡村幼儿教师素质现状，发现目前存在的问题及原因，以便提出提升集中连片特困地区乡村幼儿教师素质的可行性策略。

（二）调查内容

本调查将集中连片特困地区乡村幼儿教师素质分解为专业理念与师德、专业知识、专业能力和身心健康四个维度（具体内容见附录1）。其中，专业理念与师德、专业知识和专业能力主要以《幼儿园教师专业标准（试行）》为标准。

专业理念与师德维度包含4个领域（职业理解与认识、对幼儿的态度与行为、幼儿保育和教育的态度与行为、个人修养与行为），4个领域又包含20个指标（20个题目）。

专业知识维度包含3个领域（幼儿发展知识、幼儿保育和教育知识、通识性知识），3个领域又包含15个指标（15个题目）。

专业能力维度包含7个领域（环境的创设与利用、一日生活的组织与保育、游戏活动的支持与引导、教育活动的计划与实施、激励与评价、沟通与合作、反思与发展），7个领域又包含27个指标（27个题目）。

身心健康维度包含2个领域（身体健康、心理健康），2个领域又包含4个指标（4个题目）。

（三）调查方法

本研究主要使用问卷调查法。笔者通过把问卷发送给兴义民族师范学院教育科学学院学前教育专业毕业的往届学生（在贵州省集中连片特困地区从事特岗工作的），让其及其同事、同事的同学等采取相互转发的形式填写，让应届学生（家在贵州省集中连片特困地区）找其从事幼儿教师的亲戚帮助完成问卷。

（四）答题形式

本问卷的题目采取李克特五级量表形式，针对每一个指标（题目），选择您认为您自己做到了多少：1代表"完全做不到"，2代表"偶尔做到"，3代表"不清楚"，4代表"经常做到"，5代表"完全做到"。

（五）调查样本情况

本研究的调查对象为贵州省集中连片特困地区乡村幼儿教师，总样本量为437人，调查样本分布如下。

1. 调查样本区域分布

本研究的调查样本是分布于贵州省六盘水市、安顺市、黔西南布依族苗族自治州、黔东南苗族侗族自治州、黔南布依族苗族自治州、遵义市、毕节市的乡村幼儿教师，共计437人（具体分布情况见表2-1）。

表2-1　调查样本区域分布

区域	人数/人	百分比/%
六盘水市	51	11.7
安顺市	60	13.7
黔西南布依族苗族自治州	100	22.9
黔东南苗族侗族自治州	66	15.1
黔南布依族苗族自治州	60	13.7
遵义市	49	11.2
毕节市	51	11.7
总数	437	100.0

2. 调查样本的年龄分布

本研究的调查样本年龄分布涵盖了 25 岁及以下、26~36 岁、37~46 岁、47~60 岁，具体分布情况如表 2-2 所示。

表 2-2 调查样本的年龄分布

年龄	人数/人	百分比/%
25 岁及以下	206	47.1
26~36 岁	151	34.6
37~46 岁	78	17.8
47~60 岁	2	0.5
总数	437	100.0

3. 调查样本的教龄分布

本研究的调查样本教龄分布涵盖了 1~5 年、6~10 年、11~15 年、16 年及以上，具体分布情况如表 2-3 所示。

表 2-3 调查样本的教龄分布

教龄	人数/人	百分比/%
1~5 年	207	47.4
6~10 年	157	35.9
11~15 年	62	14.2
16 年及以上	11	2.5
总数	437	100.0

4. 调查样本的学历分布

本研究的调查样本学历分布涵盖了硕士及以上，本科，专科，中专、高中及以下，具体分布情况如表 2-4 所示。

表 2-4 调查样本的学历分布

学历	人数/人	百分比/%
硕士及以上	0	0
本科	266	60.9
专科	139	31.8

表2-4(续)

学历	人数/人	百分比/%
中专、高中及以下	32	7.3
总数	437	100.0

5. 调查样本的性别分布

本研究的调查样本的性别分布情况如表 2-5 所示。

表 2-5 调查样本的性别分布

性别	人数/人	百分比/%
男性	11	2.5
女性	426	97.5
总数	437	100.0

6. 调查样本的职称分布

本研究的调查样本职称分布涵盖幼（小）高级、幼（小）一级、幼（小）二级、其他，具体分布情况如表 2-6 所示。

表 2-6 调查样本的职称分布

职称	人数/人	百分比/%
幼（小）高级	1	0.2
幼（小）一级	158	36.2
幼（小）二级	261	59.7
其他	17	3.9
总数	437	100.0

7. 调查样本的任教学科分布

本研究的调查样本任教学科分布涵盖语言、健康、科学、社会、艺术、其他，具体分布情况如表 2-7 所示。

表 2-7 调查样本的任教学科分布

任教学科	人数/人	百分比/%
语言	97	22.2

表2-7(续)

任教学科	人数/人	百分比/%
健康	61	14
科学	77	17.6
社会	68	15.6
艺术	99	22.6
其他	35	8
总数	437	100.0

二、调查结果

经过统计分析，笔者得出本次调查的研究结果并通过基本情况、性别、年龄、教龄和职称五个方面进行具体分析。

（一）基本情况

1. 集中连片特困地区乡村幼儿教师素质的总均值情况

通常，我们将优、良、中、及格、不及格这五个等级的百分制划分为（满分 100 分）：优≥90 分、80 分≤良<90 分、70 分≤中<80 分、60 分≤及格<70 分、不及格<60 分。如果将满分为 100 分折算成满分为 5 分，我们可以得出优（4.5 分及以上）、良（4.00～4.49 分）、中（3.50～3.99 分）、及格（3.00～3.49 分）、不及格（2.99 分及以下）。本次调查结果显示集中连片特困地区乡村幼儿教师素质总均值为 3.86 分，处于“中”的等级，也就是说，集中连片特困地区乡村幼儿教师素质的总体情况为中等偏上，接近良。

2. 集中连片特困地区乡村幼儿教师在不同维度的素质状况

（1）集中连片特困地区乡村幼儿教师在不同维度的素质在专业理念与师德、专业知识、专业能力和身心健康四个维度的平均值如表 2-8 所示。

表 2-8　集中连片特困地区乡村幼儿教师在不同维度素质的平均值

维度	人数/人	平均值/分
专业理念与师德	437	3.84

表2-8（续）

维度	人数/人	平均值/分
专业知识	437	3.78
专业能力	437	3.81
身心健康	437	4.01

由表 2-8 可以看出，集中连片特困地区乡村幼儿教师在不同维度的素质的平均值在 3.78~4.01 分（满分为 5.00 分）。按照前文提到的等级划分标准，我们发现集中连片特困地区乡村幼儿教师素质在身心健康维度处于“良”这个等级，而在专业理念与师德、专业知识、专业能力维度处于“中”这个等级。

（2）不同维度中各领域的得分情况。

①专业理念与师德维度中各领域的得分情况。

专业理念与师德维度包含职业理解与认识、对幼儿的态度与行为、幼儿保育和教育的态度与行为、个人修养与行为四个领域，这四个领域的具体得分情况如表 2-9 所示。

表 2-9　专业理念与师德维度中各领域的平均值

领域	人数/人	平均值/分
职业理解与认识	437	3.80
对幼儿的态度与行为	437	3.77
幼儿保育和教育的态度与行为	437	3.78
个人修养与行为	437	4.01

由表 2-9 可以看出，在专业理念与师德维度中，职业理解与认识、对幼儿的态度与行为、幼儿保育和教育的态度与行为、个人修养与行为四个领域的平均值在 3.77~4.01 分（满分为 5.00 分）。按照前文提到的等级划分标准，我们发现集中连片特困地区乡村幼儿教师在个人修养与行为领域均值刚刚达到“良”这个等级，而在职业理解与认识、对幼儿的态度与行为、幼儿保育和教育的态度与行为领域的均值处于“中”这个等级。

②专业知识维度中各领域的得分情况。

专业知识维度包含幼儿发展知识、幼儿保育和教育知识、通识性知识三个领域，这三个领域具体得分情况如表 2-10 所示。

表 2-10　专业知识维度中各领域的平均值

领域	人数/人	平均值/分
幼儿发展知识	437	3.81
幼儿保育和教育知识	437	3.82
通识性知识	437	3.71

由表 2-10 可以看出，在专业知识维度中，幼儿发展知识、幼儿保育和教育知识、通识性知识三个领域的平均值在 3.71～3.82 分（满分为 5.00 分）。按照前文提到的等级划分标准，我们发现集中连片特困地区乡村幼儿教师在幼儿发展知识、幼儿保育和教育知识、通识性知识三个领域的均值都处于“中”这个等级。

③专业能力维度中各领域的得分情况。

专业能力维度包含环境的创设与利用、一日生活的组织与保育、游戏活动的支持与引导、教育活动的计划与实施、激励与评价、沟通与合作、反思与发展七个领域，这七个领域的具体得分情况如表 2-11 所示。

表 2-11　专业能力维度中各领域的平均值

指标	人数/人	平均值/分
环境的创设与利用	437	3.75
一日生活的组织与保育	437	3.83
游戏活动的支持与引导	437	3.85
教育活动的计划与实施	437	3.86
激励与评价	437	3.78
沟通与合作	437	3.77
反思与发展	437	3.71

由表 2-11 可以看出，在专业知识维度中，环境的创设与利用、一日生活的组织与保育、游戏活动的支持与引导、教育活动的计划与实施、激励与评价、沟通与合作、反思与发展七个领域的平均值在 3.71～3.86 分（满分为 5.00 分）。按照前文提到的等级划分标准，我们发现集中连片特困地区乡村幼儿教师在这七个领域的均值都处于“中”这个等级。

④身心健康维度中各领域的得分情况。

专业能力维度包含身体健康和心理健康两个领域，这两个领域的具体得分情况如表 2-12 所示。

表 2-12　身心健康维度中各领域的平均值

指标	人数/人	平均值/分
身体健康	437	4. 18
心理健康	437	3. 83

由表 2-12 可以看出，在身心健康维度中，身体健康、心理健康这两个领域的平均值在 3. 83~4. 18 分（满分为 5. 00 分）。按照前文提到的等级划分标准，我们发现集中连片特困地区乡村幼儿教师在身体健康领域刚刚达到“良”这个等级，而心理健康领域处于“中”这个等级。

（3）不同领域中各指标的得分情况。

①专业理念与师德维度中各领域的各指标得分情况。

职业理解与认识领域中各指标得分情况如表 2-13 所示。

表 2-13　职业理解与认识领域中各指标的平均值

指标	人数/人	平均值/分
指标 1	437	4. 01
指标 2	437	3. 77
指标 3	437	3. 75
指标 4	437	3. 72
指标 5	437	3. 74

由表 2-13 可以看出，职业理解与认识领域中各指标的平均值在 3. 72~4. 01 分（满分为 5. 00 分）。按照前文提到的等级划分标准，我们发现集中连片特困地区乡村幼儿教师在职业理解与认识领域中各指标的得分都达到“良”和“中”这个等级。在职业理解与认识领域中得分最高的是指标 1（贯彻党和国家教育方针政策，遵守教育法律法规），得分最低的是指标 4（具有良好职业道德修养，为人师表）。

对幼儿的态度与行为领域中各指标得分情如表 2-14 所示。

表 2-14　对幼儿的态度与行为领域中各指标的平均值

指标	人数/人	平均值/分
指标 6	437	3. 81

表2-14(续)

指标	人数/人	平均值/分
指标 7	437	3. 78
指标 8	437	3. 74
指标 9	437	3. 76

由表 2-14 可以看出，对幼儿的态度与行为领域中各指标的平均值在 3. 74~3. 81 分（满分为 5. 00 分）。按照前文提到的等级划分标准，我们发现集中连片特困地区乡村幼儿教师在对幼儿的态度与行为领域中各指标的得分都达到“中”这个等级。在对幼儿的态度与行为领域中得分最高的是指标 6（关爱幼儿，重视幼儿身心健康，将保护幼儿生命安全放在首位），得分最低的是指标 8（信任幼儿，尊重个体差异，主动了解和满足有益于幼儿身心发展的不同需要）。

幼儿保育和教育的态度与行为领域中各指标得分如表 2-15 所示。

表 2-15　幼儿保育和教育的态度与行为领域中各指标的平均值

指标	人数/人	平均值/分
指标 10	437	3. 81
指标 11	437	3. 78
指标 12	437	3. 72
指标 13	437	3. 74
指标 14	437	3. 85
指标 15	437	3. 75

由表 2-15 可以看出，幼儿保育和教育的态度与行为领域中各指标的平均值在 3. 72~3. 85 分（满分为 5. 00 分）。按照前文提到的等级划分标准，我们发现集中连片特困地区乡村幼儿教师在幼儿保育和教育的态度与行为领域中各指标的得分都达到“中”这个等级。在幼儿保育和教育的态度与行为领域中得分最高的是指标 14（重视自身日常态度言行对幼儿发展的重要影响与作用），得分最低的是指标 12（重视环境和游戏对幼儿发展的独特作用，创设富有教育意义的环境氛围，将游戏作为幼儿的主要活动）。

个人修养与行为领域中各指标得分情况如表 2-16 所示。

表 2-16　个人修养与行为领域中各指标的平均值

指标	人数/人	平均值/分
指标 16	437	4. 15
指标 17	437	3. 91
指标 18	437	3. 87
指标 19	437	3. 88
指标 20	437	4. 21

由表 2-16 可以看出，个人修养与行为领域中各指标的平均值在 3. 87~4. 21 分（满分为 5. 00 分）。按照前文提到的等级划分标准，我们发现集中连片特困地区乡村幼儿教师在个人修养与行为领域中各指标的得分都达到“良”和“中”这个等级。在个人修养与行为领域中得分最高的是指标 20（衣着整洁得体、语言规范健康、举止文明礼貌），得分最低的是指标 18（善于自我调节情绪，保持平和的心态）。

②专业知识维度中各领域的各指标得分情况。

幼儿发展知识领域中各指标得分情况如表 2-17 所示。

表 2-17　幼儿发展知识领域中各指标的平均值

指标	人数/人	平均值/分
指标 21	437	3. 91
指标 22	437	3. 79
指标 23	437	3. 78
指标 24	437	3. 77
指标 25	437	3. 76

由表 2-17 可以看出，幼儿发展知识领域中各指标的平均值在 3. 76~3. 91 分（满分为 5. 00 分）。按照前文提到的等级划分标准，我们发现集中连片特困地区乡村幼儿教师在幼儿发展知识领域中各指标的得分都达到“中”这个等级。在幼儿发展知识领域中得分最高的是指标 21（了解关于幼儿生存、发展和保护的有关法律法规及政策规定），得分最低的是指标 25（了解有特殊需要的幼儿身心发展特点及教育策略与方法）。

幼儿保育和教育知识领域中各指标得分情况如表 2-18 所示。

表 2-18　幼儿保育和教育知识领域中各指标的平均值

指标	人数/人	平均值/分
指标 26	437	3.88
指标 27	437	3.87
指标 28	437	3.83
指标 29	437	3.77
指标 30	437	3.76
指标 31	437	3.78

由表 2-18 可以看出，幼儿保育和教育知识领域中各指标的平均值在 3.76~3.88 分（满分为 5.00 分）。按照前文提到的等级划分标准，我们发现集中连片特困地区乡村幼儿教师在学科知识领域中各指标的得分都达到“中”这个等级。在幼儿保育和教育知识中得分最高的是指标 26（熟悉幼儿园的教育目标、任务、内容、要求和基本原则），得分最低的是指标 30（掌握观察、谈话、记录等了解幼儿的基本方法和教育心理学的基本原理与方法）。

通识性知识领域中各指标得分情况如表 2-19 所示。

表 2-19　通识性知识领域中各指标的平均值

指标	人数/人	平均值/分
指标 32	437	3.79
指标 33	437	3.77
指标 34	437	3.65
指标 35	437	3.66

由表 2-19 可以看出，通识性知识领域中各指标的平均值在 3.65~3.79 分（满分为 5.00 分）。按照前文提到的等级划分标准，我们发现集中连片特困地区乡村幼儿教师在通识性知识领域中各指标的得分都达到“中”这个等级。在通识性知识领域中得分最高的是指标 32（具有相应的自然科学和人文社会科学知识），得分最低的是指标 34（具有相应的艺术欣赏与表现知识）。

③专业能力维度中各领域的各指标得分情况。

环境的创设与利用领域中各指标得分情况如表 2-20 所示。

表 2-20 环境的创设与利用领域中各指标的平均值

指标	人数/人	平均值/分
指标 36	437	3. 79
指标 37	437	3. 80
指标 38	437	3. 74
指标 39	437	3. 65

由表 2-20 可以看出，环境的创设与利用领域中各指标的平均值在 3. 65~3. 8 分（满分为 5. 00 分）。按照前文提到的等级划分标准，我们发现集中连片特困地区乡村幼儿教师在环境的创设与利用领域中各指标的得分都达到“中”这个等级。在环境的创设与利用领域中得分最高的是指标 37（建立班级秩序与规则，营造良好的班级氛围，让幼儿感受到安全、舒适），得分最低的是指标 39（合理利用资源，为幼儿提供和制作适合的玩教具和学习资料，引发和支持幼儿的主动活动）。

一日生活的组织与保育领域中各指标得分情况如表 2-21 所示。

表 2-21 一日生活的组织与保育领域中各指标的平均值

指标	人数/人	平均值/分
指标 40	437	3. 84
指标 41	437	3. 82
指标 42	437	3. 83
指标 43	437	3. 81

由表 2-21 可以看出，一日生活的组织与保育领域中各指标的平均值在 3. 81~3. 84 分（满分为 5. 00 分）。按照前文提到的等级划分标准，我们发现集中连片特困地区乡村幼儿教师在一日生活的组织与保育领域中各指标的得分都达到“中”这个等级。在一日生活的组织与保育领域中得分最高的是指标 40（合理安排和组织一日生活的各个环节，将教育灵活渗透到一日生活中），得分最低的是指标 43（有效保护幼儿，及时处理幼儿的常见事故，危险情况优先救护幼儿）。

游戏活动的支持与引导领域中各指标的得分情况如表 2-22 所示。

表 2-22 游戏活动的支持与引导领域中各指标的平均值

指标	人数/人	平均值/分
指标 44	437	3.87
指标 45	437	3.85
指标 46	437	3.81
指标 47	437	3.86

由表 2-22 可以看出，游戏活动的支持与引导领域中各指标的平均值在 3.81~3.87 分（满分为 5.00 分）。按照前文提到的等级划分标准，我们发现集中连片特困地区乡村幼儿教师在游戏活动的支持与引导领域中各指标的得分都达到“中”这个等级。在游戏活动的支持与引导领域中得分最高的是指标 44（提供符合幼儿兴趣需要、年龄特点和发展目标的游戏条件），得分最低的是指标 46（鼓励幼儿自主选择游戏内容、伙伴和材料，支持幼儿主动地、创造性地开展游戏，充分体验游戏的快乐和满足）。

教育活动的计划与实施领域中各指标的得分情况如表 2-23 所示。

表 2-23 教育活动的计划与实施领域中各指标的平均值

指标	人数/人	平均值/分
指标 48	437	3.91
指标 49	437	3.81
指标 50	437	3.79
指标 51	437	3.92

由表 2-23 可以看出，教育活动的计划与实施领域中各指标的平均值在 3.79~3.92 分（满分为 5.00 分）。按照前文提到的等级划分标准，我们发现集中连片特困地区乡村幼儿教师在教育活动的计划与实施领域中各指标的得分都达到“中”这个等级。在教育活动的计划与实施领域中得分最高的是指标 51（提供更多的操作探索、交流合作、表达表现的机会，支持和促进幼儿主动学习），得分最低的是指标 50（在教育活动的设计和实施中体现趣味性、综合性和生活化，灵活运用各种组织形式和适宜的教育方式）。

激励与评价领域中各指标得分情况如表 2-24 所示。

表 2-24 激励与评价领域中各指标的平均值

指标	人数/人	平均值/分
指标 52	437	3.79
指标 53	437	3.75
指标 54	437	3.78

由表 2-24 可以看出，激励与评价领域中各指标的平均值在 3.75~3.79 分（满分为 5.00 分）。按照前文提到的等级划分标准，我们发现集中连片特困地区乡村幼儿教师在激励与评价领域中各指标的得分都达到“中”这个等级。在激励与评价领域中得分最高的是指标 52（关注幼儿日常表现，及时发现和赏识每个幼儿的点滴进步，注重激发和保护幼儿的积极性、自信心），得分最低的是指标 53（有效运用观察、谈话、家园联系、作品分析等多种方法，客观地、全面地了解和评价幼儿）。

沟通与合作领域中各指标的得分情况如表 2-25 所示。

表 2-25 沟通与合作领域中各指标的平均值

指标	人数/人	平均值/分
指标 55	437	3.73
指标 56	437	3.78
指标 57	437	3.77
指标 58	437	3.79
指标 59	437	3.76

由表 2-25 可以看出，沟通与合作领域中各指标的平均值在 3.73~3.79 分（满分为 5.00 分）。按照前文提到的等级划分标准，我们发现集中连片特困地区乡村幼儿教师在沟通与合作领域中各指标的得分都达到“中”这个等级。得分最高的是指标 58（与家长进行有效沟通合作，共同促进幼儿发展），得分最低的是指标 55（使用符合幼儿年龄特点的语言进行保教工作）。

反思与发展领域中各指标的得分情况如表 2-26 所示。

表 2-26　反思与发展领域中各指标的平均值

指标	人数/人	平均值/分
指标 60	437	3.81
指标 61	437	3.64
指标 62	437	3.68

由表 2-26 可以看出，反思与合作领域中各指标的平均值在 3.64～3.81 分（满分为 5.00 分）。按照前文提到的等级划分标准，我们发现集中连片特困地区乡村幼儿教师在反思与发展领域中各指标的得分都达到“中”这个等级。在反思与发展领域中得分最高的是指标 60（主动收集分析相关信息，不断进行反思，改进保教工作），得分最低的是指标 61（针对保教工作中的现实需要与问题，进行探索和研究）。

④身心健康维度中各领域的各指标得分情况。

身体健康领域中各指标的得分情况如表 2-27 所示。

表 2-27　身体健康领域中各指标的平均值

指标	人数/人	平均值/分
指标 63	437	4.11
指标 64	437	4.25

由表 2-27 可以看出，身体健康领域中各指标的平均值在 4.11～4.25 分（满分为 5.00 分）。按照前文提到的等级划分标准，我们发现集中连片特困地区乡村幼儿教师在身体健康领域中各指标的得分都达到“良”这个等级。在身体健康领域中得分最高的是指标 64（有基本的医药、保健知识，能预防常见的幼儿教师职业病），得分最低的是指标 63（重视体育锻炼，能坚持有计划、有针对性地参加各种体育活动，提高身体素质）。

心理健康领域中各指标的得分情况如表 2-28 所示。

表 2-28　心理健康领域中各指标的平均值

指标	人数/人	平均值/分
指标 65	437	3.91
指标 66	437	3.75

由表 2-28 可以看出，心理健康领域中各指标的平均值在 3.75～3.91 分

（满分为 5.00 分）。按照前文提到的等级划分标准，我们发现集中连片特困地区乡村幼儿教师在心理健康领域中各指标的得分都达到“中”这个等级。在心理健康领域中得分最高的是指标 65（有良好的心态，具有协调和控制情绪的能力），得分最低的是指标 66（有积极、健康、合理的生活和工作习惯）。

（二）性别维度的分析

1. 集中连片特困地区不同性别的乡村幼儿教师的素质比较

（1）集中连片特困地区不同性别的乡村幼儿教师在教师素质总均值上的比较结果见表 2-29。

表 2-29　不同性别的乡村幼儿教师在教师素质总均值上的比较

性别	人数/人	平均值/分
女	426	3.91
男	11	3.83

由表 2-29 可以看出，不同性别的乡村幼儿教师在教师素质上的平均值为 3.83~3.91 分（满分为 5.00 分）。按照前文提到的等级划分标准，我们发现集中连片特困地区不同性别的乡村幼儿教师在教师素质平均值上达到“中”这个等级。

（2）集中连片特困地区不同性别的乡村幼儿教师在专业理念与师德维度上的均值比较见表 2-30。

表 2-30　不同性别的乡村幼儿教师在专业理念与师德维度上的均值比较

性别	人数/人	平均值/分
女	426	4.00
男	11	3.81

由表 2-30 可以看出，集中连片特困地区不同性别的乡村幼儿教师在专业理念与师德维度上的均值在 3.81~4.00 分（满分为 5.00 分）。按照前文提到的等级划分标准，我们发现不同性别的乡村幼儿教师在专业理念与师德维度上的均值达到“良”和“中”这个等级，且并乡村女性幼儿教师在专业理念与师德方面的素质高于乡村男性幼儿教师。

（3）集中连片特困地区不同性别的乡村幼儿教师在专业知识维度上的均值比较见表 2-31。

表 2-31　不同性别的乡村幼儿教师在专业知识维度上的均值比较

性别	人数/人	平均值/分
女	426	3. 80
男	11	3. 77

由表 2-31 可以看出，集中连片特困地区不同性别的乡村幼儿教师在专业知识维度上的均值在 3. 77～3. 80 分（满分为 5. 00 分）。按照前文提到的等级划分标准，我们发现集中连片特困地区不同性别地乡村幼儿教师在专业知识维度上的均值达到“中”这个等级，并且乡村女性幼儿教师在专业知识方面的素质与乡村男性幼儿教师在专业知识方面基本没有差距。

（4）集中连片特困地区不同性别的乡村幼儿教师在专业能力维度上的均值比较见表 2-32。

表 2-32　不同性别的乡村幼儿教师在专业能力维度上的均值比较

性别	人数/人	平均值/分
女	426	3. 88
男	11	3. 65

由表 2-32 可以看出，集中连片特困地区不同性别的乡村幼儿教师在专业能力维度上的均值在 3. 65～3. 88 分（满分为 5. 00 分）。按照前文提到的等级划分标准，我们发现集中连片特困地区不同性别的乡村幼儿教师在专业能力维度上的均值达到“中”这个等级，详细点描述是乡村女性幼儿教师在专业能力维度上处于“中等偏上”，而乡村男性幼儿教师在专业能力维度上处于“中等偏下”。可见，乡村女性幼儿教师在专业能力方面的素质高于乡村男性幼儿教师。

（5）集中连片特困地区不同性别的乡村幼儿教师在身心健康维度上的均值比较见表 2-33。

表 2-33　不同性别的乡村幼儿教师在身心健康维度上的均值比较

性别	人数/人	平均值/分
女	426	3. 95
男	11	4. 03

由表 2-33 可以看出，集中连片特困地区不同性别的乡村幼儿教师在身心

健康维度上的均值在 3.95～4.03 分（满分为 5.00 分）。按照前文提到的等级划分标准，我们发现集中连片特困地区不同性别的乡村幼儿教师在专业能力维度上的均值达到“良”和“中”这个等级。同时，乡村女性幼儿教师在身心健康方面的素质与乡村男性幼儿教师在身心健康方面存在一定差距。

（6）集中连片特困地区不同性别的乡村幼儿教师在各个维度上的均值比较如图 2-1 所示。

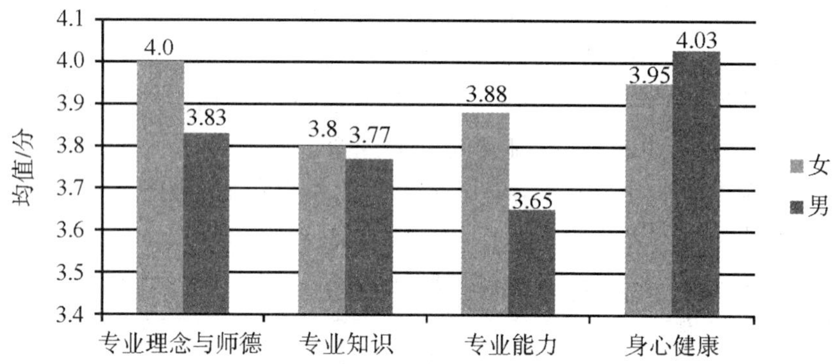

图 2-1　集中连片特困地区不同性别的乡村幼儿教师在各个维度上的均值比较

由图 2-1 所示，在专业理念与师德、专业知识、专业能力 3 个维度上，集中连片特困地区女性乡村幼儿教师的得分高于集中连片特困地区男性乡村幼儿教师；而在身心健康维度上，集中连片特困地区男性乡村幼儿教师的得分高于集中连片特困地区女性乡村幼儿教师。

2. 集中连片特困地区不同性别的乡村幼儿教师与集中连片特困地区乡村幼儿教师总体之间在教师素质上的比较

（1）集中连片特困地区不同性别的乡村幼儿教师与集中连片特困地区乡村幼儿教师总体之间在教师素质均值上的比较见表 2-34。

表 2-34　集中连片特困地区不同性别的乡村幼儿教师与集中连片特困地区乡村幼儿教师总体之间在教师素质均值上的比较

性别	不同性别的乡村幼儿教师平均值/分	乡村幼儿教师总均值/分
男	3.83	3.86
女	3.91	

由表 2-34 可以看出，集中连片特困地区不同性别的乡村幼儿教师的平均值与集中连片特困地区乡村幼儿教师总体之间在教师素质上的均值在 3.83～

3.91 分（满分为 5.00 分）。均达到“中”这个等级，因此它们之间不存在差距。

（2）集中连片特困地区不同性别的乡村幼儿教师与集中连片特困地区乡村幼儿教师总体之间在专业理念与师德维度上均值的比较见表 2–35。

表 2–35 集中连片特困地区不同性别的乡村幼儿教师与集中连片特困地区乡村幼儿教师总体之间在专业理念与师德维度上均值的比较

性别	不同性别的乡村幼儿教师在专业理念与师德维度上的均值/分	乡村幼儿教师总体在专业理念与师德维度上的平均值/分
女	4.00	3.84
男	3.83	

由表 2–35 可以看出，集中连片特困地区乡村幼儿女性教师在专业理念与师德维度均值为 4.00 分（满分为 5.00 分），处于“良”这个等级；而集中连片特困地区乡村幼儿教师总体在专业理念与师德维度上的均值为 3.84 分（满分为 5.00 分），处于“中”这个等级。因此，我们发现集中连片特困地区乡村女性幼儿教师在专业理念与师德均值高于集中连片特困地区乡村幼儿教师总体均值。

集中连片特困地区乡村男性幼儿教师在专业理念与师德维度均值为 3.83 分（满分为 5.00 分），处于“中”这个等级；而集中连片特困地区乡村幼儿教师总体在专业理念与师德维度上的均值为 3.84 分（满分为 5.00 分），处于“中”这个等级。因此，我们发现集中连片特困地区乡村男性幼儿教师与集中连片特困地区乡村幼儿教师总体之间在专业理念与师德上不存在差距。

（3）集中连片特困地区不同性别的乡村幼儿教师与集中连片特困地区乡村幼儿教师总体之间在专业知识维度上均值的比较见表 2–36。

表 2–36 集中连片特困地区不同性别的乡村幼儿教师与集中连片特困地区乡村幼儿教师总体之间在专业知识维度上均值的比较

性别	不同性别的乡村幼儿教师在专业知识维度上的均值/分	乡村幼儿教师总体在专业知识维度上的均值/分
女	3.75	3.78
男	3.72	

由表 2–36 可以看出，集中连片特困地区乡村女性幼儿教师在专业知识维度均值为 3.75 分（满分为 5.00 分），处于“中”这个等级；而集中连片特困

地区乡村幼儿教师总体在专业知识维度上的均值为3.78分（满分为5.00分），处于“中”这个等级。因此，我们发现集中连片特困地区乡村女性幼儿教师与集中连片特困地区乡村幼儿教师总体之间在专业知识上不存在差距。

集中连片特困地区乡村男性幼儿教师在专业知识维度均值为3.72分（满分为5.00分），处于“中”这个等级；而集中连片特困地区乡村幼儿教师总体在专业知识维度上的均值为3.78分（满分为5.00分），处于“中”这个等级。因此，我们发现集中连片特困地区乡村男性幼儿教师与集中连片特困地区乡村幼儿教师总体之间在专业知识上不存在差距。

（4）集中连片特困地区不同性别的乡村幼儿教师与集中连片特困地区乡村幼儿教师总体之间在专业能力维度上均值的比较见表2-37。

表2-37　集中连片特困地区不同性别的乡村幼儿教师与集中连片特困地区乡村幼儿教师总体之间在专业能力维度上均值的比较

性别	不同性别的乡村幼儿教师在专业能力维度上的均值/分	乡村幼儿教师总体在专业能力维度上的均值/分
女	3.88	3.81
男	3.65	

由表2-37可以看出，集中连片特困地区乡村女性幼儿教师在专业能力维度均值为3.88分（满分为5.00分），处于“中”这个等级；而集中连片特困地区乡村幼儿教师总体在专业能力维度上的均值为3.81分（满分为5.00分），处于“中”这个等级。因此，我们发现集中连片特困地区乡村女性幼儿教师与集中连片特困地区乡村幼儿教师总体之间在专业能力上不存在差距。

集中连片特困地区乡村男性幼儿教师在专业能力维度均值为3.65分（满分为5.00分），处于“中”这个等级，详细点描述是处于“中等偏下”；而集中连片特困地区乡村幼儿教师总体在专业能力维度上的均值为3.81分（满分为5.00分），处于“中”这个等级。因此，我们发现集中连片特困地区乡村男性幼儿教师与集中连片特困地区乡村幼儿教师总体之间在专业能力上存在一定差距。

（5）集中连片特困地区不同性别的乡村幼儿教师与集中连片特困地区乡村幼儿教师总体之间在身心健康维度上均值的比较见表2-38。

表 2-38 集中连片特困地区不同性别的乡村幼儿教师与集中连片特困地区乡村幼儿教师总体之间在身心健康维度上均值的比较

性别	不同性别的乡村幼儿教师在身心健康维度上的均值/分	乡村幼儿教师总体在身心健康维度上的均值/分
女	3.95	4.01
男	4.03	

由表 2-38 可以看出，集中连片特困地区乡村女性幼儿教师在身心健康维度均值为 3.95 分（满分为 5.00 分），处于“中”这个等级；而集中连片特困地区乡村幼儿教师总体在身心健康维度上的均值为 4.01 分（满分为 5.00 分），处于“良”这个等级。因此，我们发现集中连片特困地区乡村女性幼儿教师与集中连片特困地区乡村幼儿教师总体之间在身心健康上存在一定差距。

集中连片特困地区乡村男性幼儿教师在身心健康维度均值为 4.03 分（满分为 5.00 分），处于“良”这个等级；而集中连片特困地区乡村幼儿教师总体在身心健康维度上的均值为 4.01 分（满分为 5.00 分），处于“良”这个等级。因此，我们发现集中连片特困地区乡村男性幼儿教师与集中连片特困地区乡村幼儿教师总体之间在身心健康上不存在差距。

（三）年龄维度的分析

1. 集中连片特困地区不同年龄的乡村幼儿教师的素质比较

（1）集中连片特困地区不同年龄的乡村幼儿教师在教师素质总均值上的比较见表 2-39。

表 2-39 不同年龄的乡村幼儿教师在教师素质总均值上的比较

年龄	人数/人	平均值/分	乡村幼儿教师素质总均值/分
25 岁及以下	206	3.82	3.86
26~36 岁	151	3.84	
37~46 岁	78	3.87	
47~60 岁	2	3.88	

由表 2-39 可以看出，集中连片特困地区不同年龄的乡村幼儿教师在教师素质总均值上在 3.82~3.88 分（满分为 5.00 分）。因此，我们发现不同年龄的乡村幼儿教师在教师素质总均值达到“中”这个等级。

（2）集中连片特困地区不同年龄的乡村幼儿教师在专业理念与师德维度上的均值比较见表 2-40。

表 2-40　不同年龄的乡村幼儿教师在专业理念与师德维度上的均值比较

年龄	人数/人	平均值/分
25 岁及以下	206	3.79
26~36 岁	151	3.81
37~46 岁	78	3.83
47~60 岁	2	3.84

由表 2-40 可以看出，集中连片特困地区不同年龄的乡村幼儿教师在专业理念与师德维度上均值在 3.79~3.84 分（满分为 5.00 分）。由此，我们发现不同年龄的乡村幼儿教师在专业理念与师德维度上均值达到“中”这个等级，而且随着年龄的增长，乡村幼儿教师在专业理念与师德维度上的均值也有所增长，它们之间成正比例关系。

（3）集中连片特困地区不同年龄的乡村幼儿教师在专业知识维度上的均值比较见表 2-41。

表 2-41　不同年龄的乡村幼儿教师在专业知识维度上的均值比较

年龄	人数/人	平均值/分
25 岁及以下	206	3.76
26~36 岁	151	3.78
37~46 岁	78	3.81
47~60 岁	2	3.82

由表 2-41 可以看出，集中连片特困地区不同年龄的乡村幼儿教师在专业知识维度上均值在 3.76~3.82 分（满分为 5.00 分）。由此，我们发现不同年龄的乡村幼儿教师在专业知识维度上均值达到“中”这个等级，而且随着年龄的增长，乡村幼儿教师在专业知识维度上均值也有所增长，它们之间成正比例关系。

（4）集中连片特困地区不同年龄的乡村幼儿教师在专业能力维度上的均值比较见表 2-42。

表 2-42　不同年龄的乡村幼儿教师在专业能力维度上的均值比较

年龄	人数/人	平均值/分
25 岁及以下	206	3.78
26~36 岁	151	3.80
37~46 岁	78	3.84
47~60 岁	2	3.85

由表 2-42 可以看出，集中连片特困地区不同年龄的乡村幼儿教师在专业能力维度上均值在 3.78~3.85 分（满分为 5.00 分）。由此，我们发现不同年龄的乡村幼儿教师在专业能力维度上均值达到“中”这个等级，而且随着年龄的增长，乡村幼儿教师在专业能力维度上均值也有所增长，它们之间成正比例关系。

（5）集中连片特困地区不同年龄的乡村幼儿教师在身心健康维度上的均值比较见表 2-43。

表 2-43　不同年龄的乡村幼儿教师在身心健康维度上的均值比较

年龄	人数/人	平均值/分
25 岁及以下	206	4.01
26~36 岁	151	4.00
37~46 岁	78	3.97
47~60 岁	2	3.96

由表 2-43 可以看出，集中连片特困地区不同年龄的乡村幼儿教师在身心健康维度上均值在 3.96~4.01 分（满分为 5.00 分）。由此，我们看出不同年龄的乡村幼儿教师在身心健康维度上均值达到“良”和“中”这个等级，而且集中连片特困地区乡村幼儿教师在身心健康维度上的均值随着年龄增长而降低，它们之间成反比例关系。

（6）集中连片特困地区不同年龄的乡村幼儿教师在各个维度上的均值比较如图 2-2 所示。

由图 2-2 可以看出，集中连片特困地区不同年龄的乡村幼儿教师在专业理念与师德、专业知识、专业能力维度上，各均值处于“中”这个等级，而且各维度均值与年龄成正比例关系；而集中连片特困地区不同年龄的乡村幼儿教师在身心健康维度上的均值随着年龄的增长而下降。

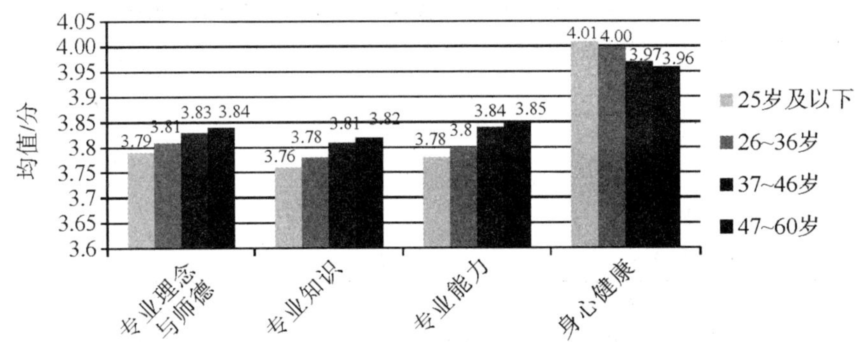

图 2-2 集中连片特困地区不同年龄的乡村幼儿教师在各个维度上的均值比较

2. 集中连片特困地区不同年龄的乡村幼儿教师与集中连片特困地区乡村幼儿教师总体在教师素质上的比较

（1）集中连片特困地区不同年龄的乡村幼儿教师与集中连片特困地区乡村幼儿教师总体之间在教师素质总均值上的比较见表 2-44。

表 2-44 集中连片特困地区不同年龄的乡村幼儿教师与集中连片特困地区乡村幼儿教师总体之间在教师素质总均值上的比较

年龄	不同年龄的乡村幼儿教师平均值/分	乡村幼儿教师总体平均值/分
25 岁及以下	3.82	3.86
26~36 岁	3.84	
37~46 岁	3.87	
47~60 岁	3.88	

由表 2-44 可以看出，集中连片特困地区不同年龄的乡村幼儿教师与集中连片特困地区乡村幼儿教师总体之间在教师素质的总均值为 3.82~3.88 分（满分为 5.00 分）。由此，我们发现集中连片特困地区不同年龄的乡村幼儿教师与集中连片特困地区乡村幼儿教师总体之间在教师素质上的总均值都达到“中”这个等级，它们之间不存在差距。

（2）集中连片特困地区不同年龄的乡村幼儿教师与集中连片特困地区乡村幼儿教师总体之间在专业理念与师德维度上均值的比较见表 2-45。

表 2-45　集中连片特困地区不同年龄的乡村幼儿教师与集中连片特困地区乡村幼儿教师总体之间在专业理念与师德维度上均值的比较

年龄	不同年龄的乡村幼儿教师在专业理念与师德维度上的均值/分	乡村幼儿教师总体在专业理念与师德维度上的均值/分
25 岁及以下	3.79	3.84
26~36 岁	3.81	
37~46 岁	3.83	
47~60 岁	3.84	

由表 2-45 可以看出，集中连片特困地区不同年龄的乡村幼儿教师在专业理念与师德维度上的均值在 3.79~3.84 分（满分为 5.00 分），而集中连片特困地区乡村幼儿教师总体在专业理念与师德维度均值为 3.84 分（满分为 5.00 分），它们都处于“中”这个等级，因此它们之间不存在差距。

（3）集中连片特困地区不同年龄的乡村幼儿教师与集中连片特困地区乡村幼儿教师总体之间在专业知识维度上均值的比较见表 2-46。

表 2-46　集中连片特困地区不同年龄的乡村幼儿教师与集中连片特困地区乡村幼儿教师总体之间在专业知识维度上均值的比较

年龄	不同年龄的乡村幼儿教师在专业知识维度上的均值/分	乡村幼儿教师总体在专业知识维度上的均值/分
25 岁及以下	3.76	3.78
26~36 岁	3.78	
37~46 岁	3.81	
47~60 岁	3.82	

由表 2-46 可以看出，集中连片特困地区不同年龄的乡村幼儿教师在专业知识维度上的均值在 3.76~3.82 分（满分为 5.00 分），而集中连片特困地区乡村幼儿教师总体在专业知识维度均值为 3.78 分（满分为 5.00 分），它们都处于“中”这个等级，因此它们之间不存在差距。

（4）集中连片特困地区不同年龄的乡村幼儿教师与集中连片特困地区乡村幼儿教师总体之间在专业能力维度上均值的比较见表 2-47。

表 2-47　**集中连片特困地区不同年龄的乡村幼儿教师与集中连片特困地区乡村幼儿教师总体之间在专业能力维度上均值的比较**

年龄	不同年龄的乡村幼儿教师在专业能力维度上的均值/分	乡村幼儿教师总体在专业能力维度上的均值/分
25 岁及以下	3.78	3.81
26~36 岁	3.80	
37~46 岁	3.84	
47~60 岁	3.85	

由表 2-47 可以看出，集中连片特困地区不同年龄的乡村幼儿教师在专业能力维度上的均值在 3.78~3.85 分（满分为 5.00 分），而集中连片特困地区乡村幼儿教师总体在专业能力维度均值为 3.81 分（满分为 5.00 分），它们都处于“中”这个等级，因此它们之间不存在差距。

（5）集中连片特困地区不同年龄的乡村幼儿教师与集中连片特困地区乡村幼儿教师总体之间在身心健康维度上均值的比较见表 2-48。

表 2-48　**集中连片特困地区不同年龄的乡村幼儿教师与集中连片特困地区乡村幼儿教师总体之间在身心健康维度上均值的比较**

年龄	不同年龄的乡村幼儿教师在身心健康维度上的均值/分	乡村幼儿教师总体在身心健康维度上的均值/分
25 岁及以下	4.01	4.01
26~36 岁	4.00	
37~46 岁	3.97	
47~60 岁	3.96	

由表 2-48 可以看出，集中连片特困地区不同年龄的乡村幼儿教师在身心健康维度上的均值在 3.96~4.01 分（满分为 5.00 分），处于“良”和“中”等级；而集中连片特困地区乡村幼儿教师总体在身心健康维度均值为 4.01 分（满分为 5.00 分），处于“良”这个等级，因此它们之间存在一定差距。

（四）教龄维度的分析

1. 集中连片特困地区不同教龄的乡村幼儿教师的素质比较

（1）集中连片特困地区不同教龄的乡村幼儿教师在教师素质总均值上的比较见表 2-49。

表 2-49　不同教龄的乡村幼儿教师在教师素质总均值上的比较

教龄	人数/人	平均值/分	总均值/分
1~5 年	207	3.85	3.84
6~10 年	157	3.86	
11~15 年	62	3.87	
16 年及以上	11	3.85	

由表 2-49 可以看出，集中连片特困地区不同教龄的乡村幼儿教师在教师素质总均值上在 3.85~3.87 分（满分为 5.00 分）。由此，我们发现不同教龄的乡村幼儿教师在教师素质总均值达到“中”这个等级。

（2）集中连片特困地区不同教龄的乡村幼儿教师在专业理念与师德维度上的均值比较见表 2-50。

表 2-50　不同教龄的乡村幼儿教师在专业理念与师德维度上的均值比较

教龄	人数/人	平均值/分
1~5 年	207	3.85
6~10 年	157	3.87
11~15 年	62	3.88
16 年及以上	11	3.89

由表 2-50 可以看出，集中连片特困地区不同教龄的乡村幼儿教师在专业理念与师德维度上均值在 3.85~3.89 分（满分为 5.00 分）。由此，我们发现不同教龄的乡村幼儿教师在专业理念与师德维度上均值达到“中”这个等级，而且随着教龄的增长，乡村幼儿教师在专业理念与师德维度上均值也在增长，它们之间成正比例关系。

（3）集中连片特困地区不同教龄的乡村幼儿教师在专业知识维度上的均值比较见表 2-51。

表 2-51　不同教龄的乡村幼儿教师在专业知识维度上的均值比较

教龄	人数/人	平均值/分
1~5 年	207	3.79
6~10 年	157	3.84
11~15 年	62	3.85

表2-51(续)

教龄	人数/人	平均值/分
16 年及以上	11	3.88

由表 2-51 可以看出，集中连片特困地区不同教龄的乡村幼儿教师在专业知识维度上均值在 3.79~3.88 分（满分为 5.00 分）。由此，我们发现不同教龄的乡村幼儿教师在专业知识维度上均值达到“中”这个等级，而且随着教龄的增长，乡村幼儿教师在专业知识维度上的均值也在增长，它们之间成正比例关系。

（4）集中连片特困地区不同教龄的乡村幼儿教师在专业能力维度上的均值比较见表 2-52。

表 2-52　不同教龄的乡村幼儿教师在专业能力维度上的均值比较

教龄	人数/人	平均值/分
1~5 年	207	3.80
6~10 年	157	3.83
11~15 年	62	3.86
16 年及以上	11	3.89

由表 2-52 可以看出，集中连片特困地区不同教龄的乡村幼儿教师在专业能力维度上均值在 3.80~3.89 分（满分为 5.00 分）。由此，我们发现不同教龄的乡村幼儿教师在专业能力维度上均值达到“中”这个等级，而且随着教龄的增长，乡村幼儿教师在专业能力维度上均值也在增长，它们之间成正比例关系。

（5）集中连片特困地区不同教龄的乡村幼儿教师在身心健康维度上的均值比较见表 2-53。

表 2-53　不同教龄的乡村幼儿教师在身心健康维度上的均值比较

教龄	人数/人	平均值/分
1~5 年	207	3.97
6~10 年	157	3.89
11~15 年	62	3.87
16 年及以上	11	3.74

由表 2-53 可以看出，集中连片特困地区不同教龄的乡村幼儿教师在身心健康维度上均值在 3. 74～3. 97 分（满分为 5. 00 分）。由此，我们发现不同教龄的乡村幼儿教师在身心健康维度上均值达到“中”这个等级，而且集中连片特困地区乡村幼儿教师随着教龄增长在身心健康维度上的分值有所下降，它们之间成反比例关系。

（6）集中连片特困地区不同教龄的乡村幼儿教师在各个维度上的均值比较如图 2-3 所示。

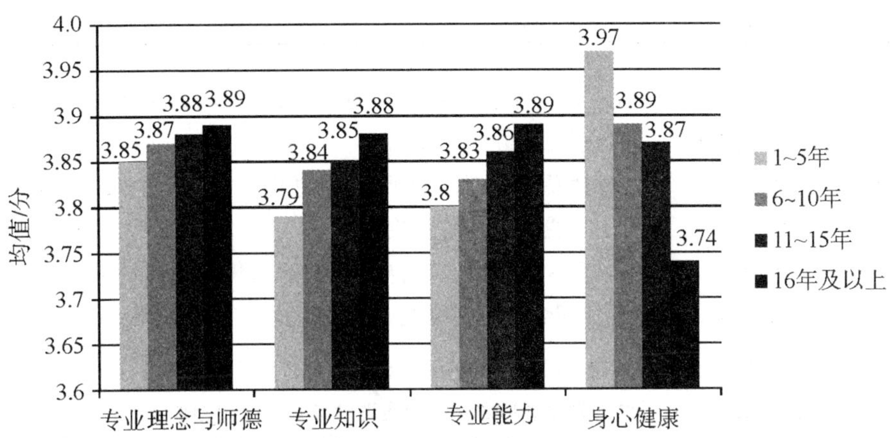

图 2-3　集中连片特困地区不同教龄的乡村幼儿教师在各个维度上的均值比较

由图 2-3 可以看出，集中连片特困地区不同教龄的乡村幼儿教师在专业理念与师德、专业知识、专业能力维度上，均值处于“中”这个等级，而且各维度均值与教龄成正比例关系；而集中连片特困地区不同教龄的乡村幼儿教师在身心健康维度上均值与教龄成反比例关系。

2. 集中连片特困地区不同教龄的乡村幼儿教师与集中连片特困地区乡村幼儿教师总体之间在教师素质上的比较

（1）集中连片特困地区不同教龄的乡村幼儿教师与集中连片特困地区乡村幼儿教师总体之间在教师素质总均值上的比较见表 2-54。

表 2-54　集中连片特困地区不同教龄的乡村幼儿教师与集中连片特困地区乡村幼儿教师总体之间在教师素质总均值上的比较

教龄	不同教龄的乡村幼儿教师平均值/分	乡村幼儿教师总体平均值/分
1~5 年	3.85	3.86
6~10 年	3.86	
11~15 年	3.87	
16 年及以上	3.85	

由表 2-54 可以看出，集中连片特困地区不同教龄的乡村幼儿教师在教师素质总均值在 3.85~3.87 分（满分为 5.00 分），处于“中”这个等级；集中连片特困地区乡村幼儿教师总体在教师素质上的总均值为 3.86 分，也达到“中”这个等级。因此，它们之间不存在差距。

（2）集中连片特困地区不同教龄的乡村幼儿教师与集中连片特困地区乡村幼儿教师总体之间在专业理念与师德维度上均值的比较见表 2-55。

表 2-55　集中连片特困地区不同教龄的乡村幼儿教师与集中连片特困地区乡村幼儿教师总体之间在专业理念与师德维度上均值的比较

教龄	乡村不同教龄幼儿教师在专业理念与师德维度上的均值/分	乡村幼儿教师总体在专业理念与师德维度上的均值/分
1~5 年	3.85	3.84
6~10 年	3.87	
11~15 年	3.88	
16 年及以上	3.89	

由表 2-55 可以看出，集中连片特困地区不同教龄的乡村幼儿教师在专业理念与师德维度上的总均值在 3.85~3.89 分（满分为 5.00 分），而集中连片特困地区乡村幼儿教师总体在专业理念与师德维度均值为 3.84 分（满分为 5.00 分），都处于“中”这个等级。因此，它们之间不存在差距。

（3）集中连片特困地区不同教龄的乡村幼儿教师与集中连片特困地区乡村幼儿教师总体之间在专业知识维度上均值的比较见表 2-56。

表 2-56　集中连片特困地区不同教龄的乡村幼儿教师与集中连片特困地区乡村幼儿教师总体之间在专业知识维度上均值的比较

教龄	不同教龄的乡村幼儿教师在专业知识维度上的均值/分	乡村幼儿教师总体在专业知识维度上的均值/分
1~5 年	3.79	3.78
6~10 年	3.84	
11~15 年	3.85	
16 年及以上	3.88	

由表 2-56 可以看出，集中连片特困地区不同教龄的乡村幼儿教师在专业知识维度上的均值在 3.79~3.88 分（满分为 5.00 分），而集中连片特困地区乡村幼儿教师总体在专业知识维度均值为 3.78 分（满分为 5.00 分），它们都处于“中”这个等级。因此它们之间不存在差距。

（4）集中连片特困地区不同教龄的乡村幼儿教师与集中连片特困地区乡村幼儿教师总体之间在专业能力维度上均值的比较见表 2-57。

表 2-57　集中连片特困地区不同教龄的乡村幼儿教师与集中连片特困地区乡村幼儿教师总体之间在专业能力维度上均值的比较

教龄	不同教龄的乡村幼儿教师在专业能力维度上的均值/分	乡村幼儿教师总体在专业能力维度上的均值/分
1~5 年	3.80	3.81
6~10 年	3.83	
11~15 年	3.86	
16 年及以上	3.89	

由表 2-57 可以看出，集中连片特困地区不同教龄的乡村幼儿教师在专业能力维度上的均值在 3.80~3.89 分（满分为 5.00 分），而集中连片特困地区乡村幼儿教师总体在专业能力维度均值为 3.81 分（满分为 5.00 分），它们都处于“中”这个等级。因此，它们之间不存在差距。

（5）集中连片特困地区不同教龄的乡村幼儿教师与集中连片特困地区乡村幼儿教师总体之间在身心健康维度上均值的比较见表 2-58。

表 2-58 集中连片特困地区不同教龄的乡村幼儿教师与集中连片特困地区乡村幼儿教师总体之间在身心健康维度上均值的比较

教龄	不同教龄的乡村幼儿教师在身心健康维度上的均值/分	乡村幼儿教师总体在身心健康维度上的均值/分
1~5 年	3.97	4.01
6~10 年	3.89	
11~15 年	3.87	
16 年及以上	3.74	

由表 2-58 可以看出，集中连片特困地区不同教龄的乡村幼儿教师在身心健康维度上的均值在 3.74~3.97 分（满分为 5.00 分），处于“中”等级；而集中连片特困地区乡村幼儿教师总体在专业能力维度均值为 4.01 分（满分为 5.00 分），处于“良”这个等级。因此，它们之间存在差距。

（五）职称维度的分析

1. 集中连片特困地区不同职称的乡村幼儿教师之间的素质比较

（1）集中连片特困地区不同职称的乡村幼儿教师在教师素质总均值上的比较见表 2-59。

表 2-59 不同职称的乡村幼儿教师在教师素质总均值上的比较

职称	人数/人	平均值/分
幼（小）高级	1	3.81
幼（小）一级	158	3.84
幼（小）二级	261	3.85
其他	17	3.86

由表 2-59 可以看出，集中连片特困地区不同职称的乡村幼儿教师在教师素质总均值上在 3.81~3.86 分（满分为 5.00 分）。由此，我们发现不同职称的乡村幼儿教师在教师素质总均值达到“中”这个等级。

（2）集中连片特困地区不同职称的乡村幼儿教师在专业理念与师德维度上的均值比较见表 2-60。

表 2-60　不同职称的乡村幼儿教师在专业理念与师德维度上的均值比较

职称	人数/人	平均值/分
幼（小）高级	1	3.86
幼（小）一级	158	3.85
幼（小）二级	261	3.84
其他	17	3.80

由表 2-60 可以看出，集中连片特困地区不同职称的乡村幼儿教师在专业理念与师德维度上均值在 3.80~3.86 分（满分为 5.00 分）。由此，我们发现不同职称的乡村幼儿教师在专业理念与师德维度上均值达到“中”这个等级。

（3）集中连片特困地区不同职称的乡村幼儿教师在专业知识维度上的均值比较见表 2-61。

表 2-61　不同职称的乡村幼儿教师在专业知识维度上的均值比较

职称	人数/人	平均值/分
幼（小）高级	1	3.81
幼（小）一级	158	3.80
幼（小）二级	261	3.79
其他	17	3.76

由表 2-61 可以看出，集中连片特困地区不同职称的乡村幼儿教师在专业知识维度上均值在 3.76~3.81 分（满分为 5.00 分）。由此，我们发现不同职称的乡村幼儿教师在专业知识维度上均值达到“中”这个等级。

（4）集中连片特困地区不同职称的乡村幼儿教师在专业能力维度上的均值比较见表 2-62。

表 2-62　不同职称的乡村幼儿教师在专业能力维度上的均值比较

职称	人数/人	平均值/分
幼（小）高级	1	3.85
幼（小）一级	158	3.84
幼（小）二级	261	3.83
其他	17	3.78

由表 2-62 可以看出，集中连片特困地区不同职称的乡村幼儿教师在专业

能力维度上均值在3.78~3.85分（满分为5.00分）。由此，我们发现不同职称的乡村幼儿教师在专业能力维度上均值达到“中”这个等级。

（5）集中连片特困地区不同职称的乡村幼儿教师在身心健康维度上的均值比较见表2-63。

表2-63 不同职称的乡村幼儿教师在身心健康维度上的均值比较

职称	人数/人	平均值/分
幼（小）高级	1	3.89
幼（小）一级	158	3.90
幼（小）二级	261	3.92
其他	17	3.93

由表2-63可以看出，集中连片特困地区不同职称的乡村幼儿教师在身心健康维度上均值在3.89~3.93分（满分为5.00分）。由此，我们发现不同职称的乡村幼儿教师在身心健康维度上均值达到“中”这个等级，而且随着职称的提升，乡村小学教师在身心健康维度上均值有所降低，它们之间成反比例关系。

（6）集中连片特困地区不同职称的乡村幼儿教师在各个维度上的均值比较如图2-4所示。

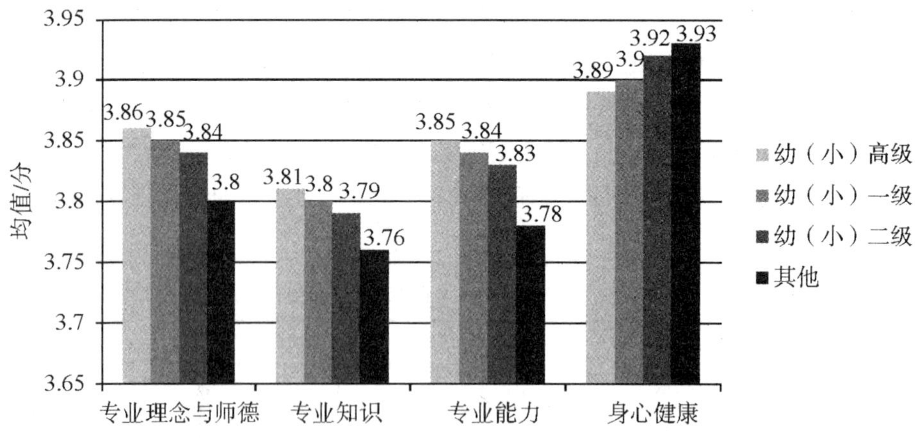

图2-4 集中连片特困地区不同职称的乡村幼儿教师在各个维度上的均值比较

由图2-4可以看出，集中连片特困地区不同职称的乡村幼儿教师在专业理念与师德、专业知识、专业能力、身心健康维度上的均值都处于“中”这个等级，而且专业理念与师德、专业知识、专业能力与职称情况成正比例，身心健康维度均值与职称情况成反比例关系。

2. 集中连片特困地区不同职称的乡村幼儿教师与集中连片特困地区乡村幼儿教师总体之间在教师素质上的比较

（1）集中连片特困地区不同职称的乡村幼儿教师与集中连片特困地区乡村幼儿教师总体之间在教师素质总均值上的比较见表 2-64。

表 2-64 集中连片特困地区不同职称的乡村幼儿教师与集中连片特困地区乡村幼儿教师总体之间在教师素质总均值上的比较

职称	不同职称的乡村幼儿教师平均值/分	乡村幼儿教师总体平均值/分
幼（小）高级	3.81	3.86
幼（小）一级	3.84	
幼（小）二级	3.85	
其他	3.86	

由表 2-64 可以看出，集中连片特困地区不同职称的乡村幼儿教师与集中连片特困地区乡村幼儿教师总体之间在教师素质总均值都在 3.81～3.86 分（满分为 5.00 分）。达到了“中”这个等级。因此，它们之间不存在差距。

（2）集中连片特困地区不同职称的乡村幼儿教师与集中连片特困地区乡村幼儿教师总体之间在专业理念与师德维度上均值的比较见表 2-65。

表 2-65 集中连片特困地区不同职称的乡村幼儿教师与集中连片特困地区乡村幼儿教师总体之间在专业理念与师德维度上均值的比较

职称	不同职称的乡村幼儿教师在专业理念与师德维度上的均值/分	乡村幼儿教师总体在专业理念与师德维度上的均值/分
幼（小）高级	3.86	3.84
幼（小）一级	3.85	
幼（小）二级	3.84	
其他	3.80	

由表 2-65 可以看出，集中连片特困地区不同职称的乡村幼儿教师在专业理念与师德维度上的总均值在 3.80～3.86 分（满分为 5.00 分），而集中连片特困地区乡村幼儿教师总体在专业理念与师德维度均值为 3.84 分（满分为

5.00分），它们都处于“中”这个等级。因此，它们之间不存在差距。

（3）集中连片特困地区不同职称的乡村幼儿教师与集中连片特困地区乡村幼儿教师总体之间在专业知识维度上均值的比较见表2-66。

表2-66 集中连片特困地区不同职称的乡村幼儿教师与集中连片特困地区乡村幼儿教师总体之间在专业知识维度上均值的比较

职称	不同职称的乡村幼儿教师在专业知识维度上的均值/分	乡村幼儿教师总体在专业知识维度上的均值/分
幼（小）高级	3.81	3.78
幼（小）一级	3.80	
幼（小）二级	3.79	
其他	3.76	

由表2-66可以看出，集中连片特困地区不同职称的乡村幼儿教师在专业知识维度上的均值在3.76~3.81分（满分为5.00分），而集中连片特困地区乡村幼儿教师总体在专业知识维度均值为3.78分（满分为5.00分），它们都处于“中”这个等级。因此，它们之间不存在差距。

（4）集中连片特困地区不同职称的乡村幼儿教师与集中连片特困地区乡村幼儿教师总体之间在专业能力维度上均值的比较见表2-67。

表2-67 集中连片特困地区不同职称的乡村幼儿教师与集中连片特困地区乡村幼儿教师总体之间在专业能力维度上均值的比较

职称	不同职称的乡村幼儿教师在专业能力维度上的均值/分	乡村幼儿教师总体在专业能力维度上的均值/分
幼（小）高级	3.85	3.81
幼（小）一级	3.84	
幼（小）二级	3.83	
其他	3.78	

由表2-67可以看出，集中连片特困地区不同职称的乡村幼儿教师在专业能力维度上的均值在3.78~3.85分（满分为5.00分），而集中连片特困地区乡村幼儿教师总体在专业能力维度均值为3.81分（满分为5.00分），它们都处于“中”这个等级。因此，它们之间不存在差距。

（5）集中连片特困地区不同职称的乡村幼儿教师与集中连片特困地区乡

村幼儿教师总体之间在身心健康维度上均值的比较见表2-68。

表2-68 集中连片特困地区不同职称的乡村幼儿教师与集中连片特困地区乡村幼儿教师总体之间在身心健康维度上均值的比较

职称	不同职称的乡村幼儿教师在身心健康维度上的均值/分	乡村幼儿教师总体在身心健康维度上的均值/分
幼（小）高级	3.89	4.01
幼（小）一级	3.90	
幼（小）二级	3.92	
其他	3.93	

由表2-68可以看出，集中连片特困地区不同职称的乡村幼儿教师在身心健康维度上的均值在3.89~3.93分（满分为5.00分），处于“中”这个等级；而集中连片特困地区乡村幼儿教师总体在专业能力维度均值为4.01分（满分为5.00分），处于“良”这个等级。因此，它们之间存在差距。

三、主要问题

（一）集中连片特困地区乡村幼儿教师素质的总体水平

集中连片特困地区乡村幼儿教师素质总均值为3.86分（满分5.00分），即集中连片特困地区乡村幼儿教师在教师素质各个维度的总均值为3.86分，处于“中”的等级水平，详细点描述就是中等偏上，接近良。

（二）集中连片特困地区乡村幼儿教师在各个维度的素质情况

第一，集中连片特困地区乡村幼儿教师在专业理念与师德、专业能力、身心健康三个维度平均值在3.78~4.01分（满分为5.00分），处于“中”这个等级，详细点描述就是中等偏上。而集中连片特困地区乡村幼儿教师在身心健康维度均值为4.01分，处于“良”这个等级。

第二，将集中连片特困地区乡村幼儿教师在专业理念与师德、专业知识、专业能力、身心健康四个维度的均值从高到低排序，依次是身心健康、专业理念与师德、专业能力、专业知识。

（三）集中连片特困地区乡村幼儿教师在各个维度中各领域的素质情况

1. 专业理念与师德维度中各领域素质情况

集中连片特困地区乡村幼儿教师在专业理念与师德维度中的职业理解与认识、对幼儿的态度与行为、幼儿保育和教育的态度与行为、个人修养与行为四个领域的均值在3.77~4.01分（满分为5.00分）。也就是说，职业理解与认识、对幼儿的态度与行为、幼儿保育和教育的态度与行为达到“中”这个等级，而个人修养与行为处于“良”这个等级。

将集中连片特困地区乡村幼儿教师在专业理念与师德维度中的职业理解与认识、对幼儿的态度与行为、幼儿保育和教育的态度与行为、个人修养与行为四个领域的均值从高到低排序，依次是个人修养与行为、职业理解与认识、幼儿保育和教育的态度与行为、对幼儿的态度与行为。

2. 专业知识维度中各领域素质情况

集中连片特困地区乡村幼儿教师在专业知识维度中的幼儿发展知识、幼儿保育和教育知识、通识性知识三个领域的均值在3.71~3.82分（满分为5.00分），均处于“中”这个等级。

将集中连片特困地区乡村幼儿教师在幼儿发展知识、幼儿保育和教育知识、通识性知识三个领域的均值从高到低排序，依次是幼儿保育和教育知识、幼儿发展知识、通识性知识。

3. 专业能力维度中各领域素质情况

集中连片特困地区乡村幼儿教师在环境的创设与利用、一日生活的组织与保育、游戏活动的支持与引导、教育活动的计划与实施、激励与评价、沟通与合作、反思与发展七个领域的均值在3.71~3.86分（满分为5.00分），处于“中”这个等级。

将集中连片特困地区乡村幼儿教师在专业能力维度中的环境的创设与利用、一日生活的组织与保育、游戏活动的支持与引导、教育活动的计划与实施、激励与评价、沟通与合作、反思与发展七个领域均值从高到低排序，依次是教育活动的计划与实施、游戏活动的支持与引导、一日生活的组织与保育、激励与评价、沟通与合作、环境的创设与利用、反思与发展。

4. 身心健康维度中各领域素质情况

集中连片特困地区乡村幼儿教师在身心健康维度中的身体健康、心理健康两个领域的均值在3.83~4.18分（满分为5.00分），其中身心健康刚刚达到“良”这个等级，而心理健康处于“中”这个等级。

将集中连片特困地区乡村幼儿教师在身心健康维度中的身体健康、心理健康两个领域均值从高到低排序，依次是身体健康、心理健康。

（四）集中连片特困地区乡村幼儿教师在各个维度的领域中各指标的素质情况

1. 单项指标均值的变化范围

在四个维度中的 16 个领域 66 项素质指标中，各项的均值在 3. 64~4. 25 分（满分 5. 00 分）。

2. 在 66 项素质指标中均值最高和最低的 3 项指标

（1）均值最高的 3 项指标为：

指标 16（富有爱心、责任心、耐心和细心）

指标 64（有基本的医药、保健知识，能预防常见的幼儿教师职业病）

指标 20（衣着整洁得体，语言规范健康，举止文明礼貌）

（2）均值最低的 3 项指标为：

指标 34（具有相应的艺术欣赏与表现知识）

指标 39（合理利用资源，为幼儿提供和制作适合的玩教具和学习资料，引发和支持幼儿的主动活动）

指标 61（针对保教工作中的现实需要与问题，进行探索和研究）

3. 各维度中得分最高的 3 个指标（身心健康维度为 2 个指标）

（1）在专业理念与师德维度中得分最高的 3 个指标：

指标 1（贯彻党和国家教育方针政策，遵守教育法律法规）

指标 16（富有爱心、责任心、耐心和细心）

指标 20（衣着整洁得体，语言规范健康，举止文明礼貌）

（2）在专业知识维度中得分最高的 3 个指标：

指标 21（了解关于幼儿生存、发展和保护的有关法律法规及政策规定）

指标 26（熟悉幼儿园的教育目标、任务、内容、要求和基本原则）

指标 27（掌握幼儿园各领域教育的学科特点与基本知识）。

（3）在专业能力维度中得分最高的 3 个指标：

指标 44（提供符合幼儿兴趣需要、年龄特点和发展目标的游戏条件）

指标 48（制订阶段性的教育活动计划和具体活动方案）

指标 51（提供更多的操作探索、交流合作、表达表现的机会，支持和促进幼儿主动学习）

（4）在身心健康维度中得分最高的 2 个指标：

指标 64（有基本的医药、保健知识，能预防常见的小学教师职业病）

指标 63（重视体育锻炼，能坚持有计划、有针对性地参加各种体育活动，提高身体素质）

4. 各维度中得分最低的 3 个指标（身心健康维度为 2 个指标）

（1）在专业理念与师德维度中得分最低的 3 个指标：

指标 4（具有良好职业道德修养，为人师表）

指标 8（信任幼儿，尊重个体差异，主动了解和满足有益于幼儿身心发展的不同需要）

指标 12（重视环境和游戏对幼儿发展的独特作用，创设富有教育意义的环境氛围，将游戏作为幼儿的主要活动）

（2）在专业知识维度中得分最低的 3 个指标：

指标 25（了解有特殊需要的幼儿身心发展特点及教育策略与方法）

指标 34（具有相应的艺术欣赏与表现知识）

指标 35（具有一定的现代化信息技术知识）

（3）在专业能力维度中得分最低的 3 个指标：

指标 39（合理利用资源，为幼儿提供和制作适合的玩教具和学习资料，引发和支持幼儿的主动活动）

指标 61（针对保教工作中的现实需要与问题，进行探索和研究）

指标 62（制定专业发展规划，积极参加专业培训，不断提高自身专业素质）

（4）在身心健康维度中得分最低的 2 个指标：

指标 65（有良好的心态，具有协调和控制情绪的能力）

指标 66（有积极、健康、合理的生活和工作习惯）

（五）集中连片特困地区乡村幼儿教师在性别、年龄、教龄、职称上的素质情况

第一，从性别角度来看，集中连片特困地区不同性别的乡村幼儿教师素质比较情况如下：

（1）集中连片特困地区不同性别的乡村幼儿教师在教师素质总均值上在 3.83~3.91 分（满分为 5.00 分），达到“中”这个等级，因此集中连片特困地区不同性别的乡村幼儿教师之间不存在差距。

（2）在专业理念与师德、专业知识、专业能力 3 个维度，集中连片特困

地区女性乡村幼儿教师的得分高于集中连片特困地区男性乡村幼儿教师；在身心健康维度，集中连片特困地区男性乡村幼儿教师的得分高于集中连片特困地区女性乡村幼儿教师。

第二，从年龄角度来看，集中连片特困地区不同年龄的乡村幼儿教师素质比较情况如下：

（1）集中连片特困地区不同年龄的乡村幼儿教师在教师素质总均值上在3.82~3.88分（满分为5.00分），达到“中”这个等级，集中连片特困地区不同年龄的乡村幼儿教师之间不存在差距。

（2）集中连片特困地区不同年龄的乡村幼儿教师在专业理念与师德、专业知识、专业能力维度上，均值处于“中”这个等级，而且各维度均值与年龄成正比例关系；而集中连片特困地区不同年龄的乡村幼儿教师在身心健康维度上的均值随着年龄的增长而下降。

第三，从教龄角度来看，集中连片特困地区不同教龄的乡村幼儿教师素质比较情况如下：

（1）集中连片特困地区不同年龄的乡村幼儿教师在教师素质总均值上在3.85~3.87分（满分为5.00分），均达到“中”这个等级，因此集中连片特困地区不同年龄的乡村幼儿教师之间不存在差距。

（2）集中连片特困地区不同教龄的乡村幼儿教师在专业理念与师德、专业知识、专业能力维度上，各均值处于“中”这个等级，而且各维度均值与教龄成正比例关系；而集中连片特困地区不同教龄的乡村幼儿教师在身心健康维度上均值与教龄成反比例关系。

第四，从职称角度来看，集中连片特困地区不同职称的乡村幼儿教师素质比较情况如下：

（1）集中连片特困地区不同职称的乡村幼儿教师在教师素质总均值上在3.81~3.86分（满分为5.00分），均达到“中”这个等级，因此集中连片特困地区不同职称的乡村幼儿教师之间不存在差距。

（2）集中连片特困地区不同职称的乡村幼儿教师在专业理念与师德、专业知识、专业能力、身心健康维度上，各均值处于“中”这个等级，而且专业理念与师德、专业知识、专业能力与职称情况成正比例，身心健康维度均值与职称情况成反比例关系。

第三章　集中连片特困地区乡村小学教师素质现状研究

一、调查设计

（一）调查目的

笔者对贵州省集中连片特困地区乡村小学教师的素质进行调查，目的在于了解和把握当前我国集中连片特困地区乡村小学教师素质现状，发现目前存在的问题及原因，以便提出提升集中连片特困地区乡村小学教师素质的可行性策略。

（二）调查内容

本调查将集中连片特困地区乡村小学教师素质分解为专业理念与师德、专业知识、专业能力、身心健康四个维度（具体内容见附录 2）。其中，专业理念与师德、专业知识和专业能力主要以《小学教师专业标准（试行）》为标准。

专业理念与师德维度包含 4 个领域（职业理解与认识、对小学生的态度与行为、教育教学的态度与行为、个人修养与行为），这 4 个领域又包含了 19 个指标（19 个题目）。

专业知识维度包含 4 个领域（小学生发展知识、学科知识、教育教学知识、通识性知识），这 4 个领域又包含了 17 个指标（17 个题目）。

专业能力维度包含 5 个领域（教育教学设计、组织与实施、激励与评价、沟通与合作、反思与发展），这 5 个领域又包含了 24 个指标（24 个题目）。

身心健康维度包含 2 个领域（身体健康、心理健康），这 2 个领域又包含

4个指标（4个题目）。

（三）调查方法

本研究主要使用问卷调查法。笔者通过把问卷发送给兴义民族师范学院教育科学学院小学教育专业毕业的往届学生（在贵州省集中连片特困地区从事特岗工作的），让其及其同事、同事的同事采取相互转发的形式填写，让应届学生（家在贵州省集中连片特困地区）找其从事小学教师的亲戚帮助完成问卷。

（四）答题形式

本问卷的题目采取李克特五级量表形式，针对每一个指标（题目），选择您认为您自己做到了多少：1代表“完全做不到”，2代表“偶尔做到”，3代表“不清楚”，4代表“经常做到”，5代表“完全做到”。

（五）调查样本情况

本研究的调查对象为贵州省集中连片特困地区乡村小学教师，总样本量为603人，调查样本分布如下。

1. 调查样本区域分布

本研究的调查样本是分布于贵州省六盘水市、安顺市、黔西南布依族苗族自治州、黔东南苗族侗族自治州、黔南布依族苗族自治州、遵义、毕节市的乡村小学教师，共计603人（具体分布情况见表3-1）。

表3-1 调查样本区域分布

区域	人数/人	百分比/%
六盘水市	75	12.4
安顺市	80	13.3
黔西南布依族苗族自治州	136	22.6
黔东南苗族侗族自治州	82	13.6
黔南布依族苗族自治州	86	14.3
遵义	73	12.1
毕节市	71	11.7
总数	603	100.0

2. 调查样本的年龄分布

本研究的调查样本年龄分布涵盖了 30 岁及以下、31~40 岁、41~50 岁、51~60 岁，具体分布情况如表 3-2 所示。

表 3-2 调查样本的年龄分布

年龄	人数/人	百分比/%
30 岁及以下	222	36.8
31~40 岁	313	51.9
41~50 岁	63	10.5
51~60 岁	5	0.8
总数	603	100.0

3. 调查样本的教龄分布

本研究的调查样本教龄分布涵盖 1~5 年、6~10 年、11~15 年、16 年及以上，具体分布情况如表 3-3 所示。

表 3-3 调查样本的教龄分布

教龄	人数/人	百分比/%
1~5 年	234	38.8
6~10 年	201	33.3
11~15 年	112	18.6
16 年及以上	56	9.3
总数	603	100.0

4. 调查样本的学历分布

本研究的调查样本学历分布涵盖了硕士及以上，本科，专科，中专、高中及以下，具体分布情况如表 3-4 所示。

表 3-4 调查样本的学历分布

学历	人数/人	百分比/%
硕士及以上	0	0
本科	424	70.3
专科	178	29.5

表3-4(续)

学历	人数/人	百分比/%
中专、高中及以下	1	0.2
总数	603	100.0

5. 调查样本的性别分布

本研究的调查样本性别分布如表 3-5 所示。

表 3-5　调查样本的性别分布

性别	人数/人	百分比/%
男性	119	19.7
女性	484	80.3
总数	603	100.0

6. 调查样本的职称分布

本研究的调查样本职称分布涵盖小学高级、小学一级、小学二级、其他，具体分布情况如表 3-6 所示。

表 3-6　调查样本的职称分布

职称	人数/人	百分比/%
小学高级	4	0.7
小学一级	303	44.4
小学二级	268	50.2
其他	28	4.7
总数	603	100.0

7. 调查样本的任教学科分布

本研究的调查样本任教学科分布涵盖语文、数学、外语、体育、音乐、美术、科学、社会、其他，具体分布情况如表 3-7 所示。

表 3-7　调查样本的任教学科分布

任教学科	人数/人	百分比/%
语文	231	38.3

表3-7(续)

任教学科	人数/人	百分比/%
数学	211	35
外语	106	17.6
体育	19	3.2
音乐	11	1.8
美术	9	1.5
科学	7	1.2
社会	6	1
其他	3	0.5
总数	603	100.0

二、调查结果

经过统计分析，笔者得出本次调查的研究结果并通过基本情况、性别、年龄、教龄和职称五个方面进行具体分析。

(一) 基本情况

1. 集中连片特困地区乡村小学教师素质的总均值情况

通常，我们将优、良、中、及格、不及格这五个等级的百分制划分为（满分 100 分）：优≥90 分、80 分≤良<90 分、70 分≤中<80 分、60 分≤及格<70 分、不及格<60 分。如果将满分为 100 分折算成满分为 5 分，我们可以得出优（4.5 分及以上）、良（4.00～4.49 分）、中（3.50～3.99 分）、及格（3.00～3.49 分）、不及格（2.99 分及以下）。本次调查结果显示集中连片特困地区乡村小学教师素质总均值为 3.79 分，处于“中”这个等级，也就是说，集中连片特困地区乡村小学教师素质的总体情况为中等偏上，接近良。

2. 集中连片特困地区乡村小学教师在不同维度的素质状况

(1) 在专业理念与师德、专业知识、专业能力和身心健康四个维度的平均值见表 3-8。

表 3-8　乡村小学教师不同维度素质平均值

领域	人数/人	平均值/分
专业理念与师德	603	3.91
专业知识	602	3.67
专业能力	602	3.75
身心健康	603	3.83

由表 3-8 可以看出，专业理念与师德、专业知识、专业能力、身心健康四个维度的平均值在 3.67~3.91 分（满分为 5.00 分），也就是说，集中连片特困地区乡村小学教师素质在各个维度的得分处于“中”这个等级，详细点描述就是中等偏上。

（2）不同维度中各领域的得分情况。

①专业理念与师德维度中各领域的得分情况。

专业理念与师德维度包含职业理解与认识、对小学生的态度与行为、教育教学的态度与行为、个人修养与行为四个领域。这四个领域的具体得分情况如表 3-9 所示。

表 3-9　专业理念与师德维度中各领域的平均值

指标	人数/人	平均值/分
职业理解与认识	603	4.01
对小学生的态度与行为	602	4.00
教育教学的态度与行为	603	3.79
个人修养与行为	602	3.83

由表 3-9 可以看出，职业理解与认识、对小学生的态度与行为、教育教学的态度与行为、个人修养与行为四个领域的平均值在 3.79~4.01 分，也就是说，集中连片特困地区乡村小学教师在职业理解与认识、对小学生的态度与行为刚刚达到“良”这个等级，而教育教学的态度与行为、个人修养与行为处于“中”这个等级。

②专业知识维度中各领域的得分情况。

专业知识维度包含小学生发展知识、学科知识、教育教学知识、通识性知识四个领域，这四个领域的具体得分情况如表 3-10 所示。

表 3-10　专业知识维度中各领域的平均值

指标	人数/人	平均值/分
小学生发展知识	603	3.67
学科知识	603	4.00
教育教学知识	603	3.51
通识性知识	603	3.49

由表 3-10 可以看出，小学生发展知识、学科知识、教育教学知识、通识性知识四个领域的平均值在 3.51～4.00 分（满分为 5.00 分），也就是说，集中连片特困地区乡村小学教师在学科知识刚刚达到“良”这个等级，小学生发展知识、教育教学知识处于“中”这个等级，而通识性知识处于“及格”这个等级。

③专业能力维度中各领域的得分情况。

专业能力维度包含教育教学设计、组织与实施、激励与评价、沟通与合作、反思与发展五个领域，具体得分情况如表 3-11 所示。

表 3-11　专业能力维度中各领域的平均值

指标	人数/人	平均值/分
教育教学设计	603	4.06
组织与实施	603	3.78
激励与评价	603	3.70
沟通与合作	603	3.65
反思与发展	603	3.55

由表 3-11 可以看出，教育教学设计、组织与实施、激励与评价、沟通与合作、反思与发展五个领域的平均值在 3.55～4.06 分（满分为 5.00 分），由此，我们发现集中连片特困地区乡村小学教师在教育教学设计刚刚达到“良”这个等级，而组织与实施、激励与评价、沟通与合作、反思与发展处于“中”这个等级。

④身心健康维度中各领域的得分情况。

专业能力维度包含身体健康和心理健康两个领域，具体得分情况如表 3-12 所示。

表 3-12　身心健康维度中各领域的平均值

指标	人数/人	平均值/分
身体健康	603	4.04
心理健康	603	3.61

由表 3-12 可以看出，身体健康、心理健康两个领域的平均值在 3.61～4.04 分（满分为 5.00 分），也就是说，集中连片特困地区乡村小学教师身心健康刚刚达到“良”这个等级，而心理健康处于“中”这个等级。

（3）不同领域中各指标的得分情况。

①专业理念与师德维度中各领域的各指标得分情况。

职业理解与认识领域中各指标得分情况如表 3-13 所示。

表 3-13　职业理解与认识领域中各指标的平均值

指标	人数/人	平均值/分
指标 1	603	4.18
指标 2	603	4.15
指标 3	603	3.94
指标 4	603	3.91
指标 5	603	3.85

由表 3-13 可以看出，职业理解与认识领域中各指标的平均值在 3.85～4.18 分（满分为 5.00 分），也就是说，集中连片特困地区乡村小学教师在职业理解与认识领域中各指标的得分都达到“良”和“中”这个等级。在职业理解与认识领域中得分最高的是指标 1（贯彻党和国家教育方针政策，遵守教育法律法规），得分最低的是指标 5（具有团队合作精神，积极开展协作与交流）。

对小学生的态度与行为领域中各指标得分情况如表 3-14 所示。

表 3-14　对小学生的态度与行为领域中各指标的平均值

指标	人数/人	平均值/分
指标 6	603	4.01
指标 7	603	4.2
指标 8	603	3.94

表3-14(续)

指标	人数/人	平均值/分
指标 9	603	3.91

由表 3-14 可以看出，对小学生的态度与行为领域中各指标的平均值在 3.91~4.2 分（满分为 5.00 分），也就是说，集中连片特困地区乡村小学教师在对小学生的态度与行为领域中各指标的得分都达到“良”和“中”这两个等级。在对小学生的态度与行为领域中得分最高的是指标 7（尊重小学生独立人格，维护小学生合法权益，平等对待每一位小学生。不讽刺、挖苦、歧视小学生，不体罚或变相体罚小学生），得分最低的是指标 9（积极创造条件，让小学生拥有快乐的学校生活）。

教育教学的态度与行为领域中各指标得分情况如表 3-15 所示。

表 3-15　教育教学的态度与行为领域中各指标的平均值

指标	人数/人	平均值/分
指标 10	603	3.79
指标 11	603	3.73
指标 12	603	3.69
指标 13	603	3.92
指标 14	603	3.81

由表 3-15 可以看出，教育教学的态度与行为领域中各指标的平均值在 3.69~3.92 分（满分为 5.00 分），也就是说，集中连片特困地区乡村小学教师在教育教学的态度与行为领域中各指标的得分都达到“中”这个等级。在教育教学的态度与行为领域中得分最高的是指标 13（引导小学生学会学习，养成良好的学习习惯），得分最低的是指标 12（引导小学生体验学习乐趣，保护小学生的求知欲和好奇心，培养小学生的广泛兴趣、动手能力和探究精神）。

个人修养与行为领域中各指标得分情况具体得分如表 3-16 所示。

表 3-16　个人修养与行为领域中各指标的平均值

指标	人数/人	平均值/分
指标 15	603	3.81
指标 16	603	3.78

表3-16(续)

指标	人数/人	平均值/分
指标 17	603	3.71
指标 18	603	3.83
指标 19	603	4.01

由表 3-16 可以看出，个人修养与行为领域中各指标的平均值在 3.71~4.01 分（满分为 5.00 分），也就是说，集中连片特困地区乡村小学教师在个人修养与行为领域中各指标的得分都达到“良”和“中”这个等级。在个人修养与行为领域中得分最高的是指标 19（衣着整洁得体，语言规范健康，举止文明礼貌），得分最低的是指标 17（善于自我调节情绪，保持平和心态）。

②专业知识维度中各领域的各指标得分情况。

小学生发展知识领域中各指标得分情况如表 3-17 所示。

表 3-17　小学生发展知识领域中各指标的平均值

指标	人数/人	平均值/分
指标 20	603	3.71
指标 21	603	3.61
指标 22	603	3.68
指标 23	603	3.65
指标 24	603	3.66
指标 25	603	3.67

由表 3-17 可以看出，小学生发展知识领域中各指标的平均值在 3.61~3.71 分（满分为 5.00 分），也就是说，乡村小学教师在小学生发展知识领域中各指标的得分都达到“中”这个等级。在小学生发展知识领域中得分最高的是指标 20（了解关于小学生生存、发展和保护的有关法律法规及政策规定），得分最低的是指标 21（了解不同年龄及有特殊需要的小学生身心发展特点和规律，掌握保护和促进小学生身心健康发展的策略与方法）。

学科知识领域中各指标得分情况如表 3-18 所示。

表 3-18　学科知识领域中各指标的平均值

指标	人数/人	平均值/分
指标 26	603	4.08
指标 27	603	4.00
指标 28	603	3.93

由表 3-18 可以看出，学科知识领域中各指标的平均值在 3.93～4.08 分（满分为 5.00 分），也就是说，集中连片特困地区乡村小学教师在学科知识领域中各指标的得分都达到“良”和“中”这个等级。在学科知识领域中得分最高的是指标 26（适应小学综合性教学的要求，了解多学科知识），得分最低的是指标 28（了解所教学科与社会实践、少先队活动的联系，了解所教学科与其他学科的联系）。

教育教学知识领域中各指标得分情况如表 3-19 所示。

表 3-19　教育教学知识领域中各指标的平均值

指标	人数/人	平均值/分
指标 29	603	3.61
指标 30	603	3.47
指标 31	603	3.45
指标 32	603	3.51

由表 3-19 可以看出，教育教学知识领域中各指标的平均值在 3.45～3.61 分（满分为 5.00 分），也就是说，集中连片特困地区乡村小学教师在教育教学知识领域中各指标的得分都达到“中”和“及格”这个等级。在教育教学知识领域中得分最高的是指标 29（掌握小学教育基本理论），得分最低的是指标 31（掌握不同年龄小学生的认识规律和教育心理学的基本原理和方法）。

通识性知识领域中各指标得分情况如表 3-20 所示。

表 3-20　通识性知识领域中各指标的平均值

指标	人数/人	平均值/分
指标 33	603	3.56
指标 34	603	3.51
指标 35	603	3.47
指标 36	603	3.43

由表 3-20 可以看出，通识性知识领域中各指标的平均值在 3.43～3.56 分（满分为 5.00 分），也就是说，集中连片特困地区乡村小学教师在通识性知识领域中各指标的得分都达到“中”和“及格”这个等级。在通识性知识领域中得分最高的是指标 33（具有相应的自然科学和人文社会科学知识），得分最低的是指标 36（具有适应教学内容、教学手段和方法现代化的信息技术知识）。

③专业能力维度中各领域的各指标得分情况。

教育教学设计领域中各指标得分情况如表 3-21 所示。

表 3-21　教育教学设计领域中各指标的平均值

指标	人数/人	平均值/分
指标 37	603	4.04
指标 38	603	4.13
指标 39	603	4.01

由表 3-21 可以看出，教育教学设计领域中各指标的平均值在 4.01～4.13 分（满分为 5.00 分），也就是说，集中连片特困地区乡村小学教师在教育教学设计领域中各指标的得分都达到“良”这个等级。在教育教学设计领域中得分最高的是指标 38（合理利用教学资源，科学编写教案），得分最低的是指标 39（合理设计主题鲜明、丰富多彩的班级和少先队活动）。

组织与实施领域中各指标得分情况如表 3-22 所示。

表 3-22　组织与实施领域中各指标的平均值

指标	人数/人	平均值/分
指标 40	603	3.86
指标 41	603	3.85
指标 42	603	3.79
指标 43	603	3.73
指标 44	603	3.80
指标 45	603	3.69
指标 46	603	3.75
指标 47	603	3.81
指标 48	603	3.78

由表 3-22 可以看出，组织与实施领域中各指标的平均值为 3.69~3.86 分（满分为 5.00 分），也就是说，集中连片特困地区乡村小学教师在组织与实施领域中各指标的得分都达到“中”这个等级。在组织与实施领域中得分最高的前三项是指标 40、41、47（指标 40 建立良好的师生关系，帮助小学生建立良好的同伴关系；指标 41 创设适应的教学情境，根据小学生的反应及时调整教学活动；指标 47 妥善应对突发事件），得分最低的后三项是指标 43、45、46（指标 43 发挥小学生主体性，灵活运用启发式、探究式、讨论式、参与式等教学方式；指标 45 将现代教育技术手段整合应用到教学中；指标 46 较好使用口头语言、肢体语言与书面语言，使用普通话教学，规范书写钢笔字、粉笔字、毛笔字）。

激励与评价领域中各指标得分情况如表 3-23 所示。

表 3-23　激励与评价领域中各指标的平均值

指标	人数/人	平均值/分
指标 49	603	3.74
指标 50	603	3.67
指标 51	603	3.71
指标 52	603	3.68

由表 3-23 可以看出，激励与评价领域中各指标的平均值在 3.67~3.74 分（满分为 5.00 分），也就是说，集中连片特困地区乡村小学教师在激励与评价领域中各指标的得分都达到“中”这个等级。在激励与评价领域中得分最高的是指标 49（对小学生日常表现进行观察与判断，发现和赏识每一位小学生的点滴进步），得分最低的是指标 50（灵活使用多元评价方式，给予小学生恰当的评价和指导）。

沟通与合作领域中各指标得分情况如表 3-24 所示。

表 3-24　沟通与合作领域中各指标的平均值

指标	人数/人	平均值/分
指标 53	603	3.71
指标 54	603	3.67
指标 55	603	3.65
指标 56	603	3.62
指标 57	603	3.60

由表 3-24 可以看出，沟通与合作领域中各指标的平均值在 3.60~3.71 分（满分为 5.00 分），也就是说，集中连片特困地区乡村小学教师在沟通与合作领域中各指标的得分都达到“中”这个等级。在沟通与合作领域中得分最高的是指标 53（使用符合小学生特点的语言进行教育教学工作），得分最低的是指标 57（协助学校和社区建立合作互助的良好关系）。

反思与发展领域中各指标得分情况如表 3-25 所示。

表 3-25　反思与发展领域中各指标的平均值

指标	人数/人	平均值/分
指标 58	603	3.61
指标 59	603	3.51
指标 60	603	3.54

由表 3-25 可以看出，反思与合作领域中各指标的平均值在 3.54~3.61 分（满分为 5.00 分），也就是说，集中连片特困地区乡村小学教师在反思与发展领域中各指标的得分都达到“中”和“及格”这个等级。在反思与发展领域中得分最高的是指标 58（主动收集分析相关信息，不断进行反思，改进教育教学工作），得分最低的是指标 59（针对教育教学工作中的现实需要与问题，进行探索和研究）。

④身心健康维度中各领域的各指标得分情况。

身体健康领域中各指标得分情况具体得分如表 3-26 所示。

表 3-26　身体健康领域中各指标的平均值

指标	人数/人	平均值/分
指标 61	603	3.88
指标 62	603	4.19

由表 3-26 可以看出，身体健康领域中各指标的平均值在 3.88~4.19 分（满分为 5.00 分），也就是说，集中连片特困地区乡村小学教师在身体健康领域中各指标的得分都达到“良”和“中”这个等级。在身体健康领域中得分最高的是指标 62（有基本的医药、保健知识，能预防常见的小学教师职业病），得分最低的是指标 61（重视体育锻炼，能坚持有计划、有针对性地参加各种体育活动，提供身体素质）。

心理健康领域中各指标得分情况如表 3-27 所示。

表 3-27　心理健康领域中各指标的平均值

指标	人数/人	平均值/分
指标 63	603	3. 63
指标 64	603	3. 58

由表 3-27 可以看出，心理健康领域中各指标的平均值在 3. 58～3. 63 分（满分为 5. 00 分），也就是说，集中连片特困地区乡村小学教师在心理健康领域中各指标的得分都达到“中”和“及格”这个等级。在心理健康领域中得分最高的是指标 63（有良好的心态，具有协调和控制情绪的能力），得分最低的是指标 64（有积极、健康、合理的生活和工作习惯）。

（二）性别维度的分析

1. 集中连片特困地区乡村小学不同性别教师的素质比较

（1）集中连片特困地区乡村小学不同性别教师在教师素质总均值上的比较见表 3-28。

表 3-28　乡村小学不同性别教师在教师素质总均值上的比较

性别	人数/人	平均值/分
女	484	3. 83
男	119	3. 76

由表 3-28 可以看出，集中连片特困地区乡村小学不同性别教师在教师素质总均值上在 3. 76～3. 83 分（满分为 5. 00 分），也就是说，集中连片特困地区乡村小学不同性别教师在教师素质总均值达到“中”这个等级。

（2）集中连片特困地区乡村小学不同性别教师在专业理念与师德维度上的均值比较见表 3-29。

表 3-29　乡村小学不同性别教师在专业理念与师德维度上的均值比较

性别	人数/人	平均值/分
女	484	4. 01
男	119	3. 83

由表 3-29 可以看出，集中连片特困地区乡村小学不同性别教师在专业理念与师德维度上的均值在 3. 83～4. 01 分（满分为 5. 00 分），也就是说，集中

连片特困地区乡村小学不同性别教师之间在专业理念与师德维度上的均值达到“良”和“中”这个等级，并且乡村小学女性教师在专业理念与师德方面的素质高于乡村小学男性教师。

（3）集中连片特困地区乡村小学不同性别教师在专业知识维度上的均值比较见表 3-30。

表 3-30　乡村小学不同性别教师在专业知识维度上的均值比较

性别	人数/人	平均值/分
女	484	3. 75
男	119	3. 72

由表 3-30 可以看出，集中连片特困地区乡村小学不同性别教师在专业知识维度上的均值在 3. 72～3. 75 分（满分为 5. 00 分），集中连片特困地区乡村小学不同性别教师之间在专业知识维度上的均值达到“中”这个等级，并且乡村小学女性教师在专业知识方面的素质与乡村小学男性教师在专业知识方面基本没有差距。

（4）集中连片特困地区乡村小学不同性别教师在专业能力维度上的均值比较见表 3-31。

表 3-31　乡村小学不同性别教师在专业能力维度上的均值比较

性别	人数/人	平均值/分
女	484	3. 82
男	119	3. 51

由表 3-31 可以看出，集中连片特困地区乡村小学不同性别教师在专业能力维度上的均值在 3. 51～3. 82 分（满分为 5. 00 分），也就是说，集中连片特困地区乡村小学不同性别教师在专业能力维度上的均值达到“中”这个等级，详细点描述是乡村小学女性教师在专业能力维度上处于“中等偏上”，而乡村小学男性教师在专业能力维度上处于“中等偏下”。可见，乡村小学女性教师在专业能力方面的素质与乡村小学男性教师的存在一定差距。

（5）集中连片特困地区乡村小学不同性别教师在身心健康维度上的均值比较见表 3-32。

表 3-32　乡村小学不同性别教师在身心健康维度上的均值比较

性别	人数/人	平均值/分
女	484	3.74
男	119	4.00

由表 3-32 可以看出，集中连片特困地区乡村小学不同性别教师在身心健康维度上的均值在 3.74~4.00 分（满分为 5.00 分），也就是说，集中连片特困地区乡村小学不同性别教师在专业能力维度上的均值达到“良”和“中”这个等级。可见，乡村小学女性教师在身心健康方面的素质与乡村小学男性教师在身心健康方面存在差距。

（6）集中连片特困地区不同性别的乡村小学教师在各个维度上的均值比较如图 3-1 所示。

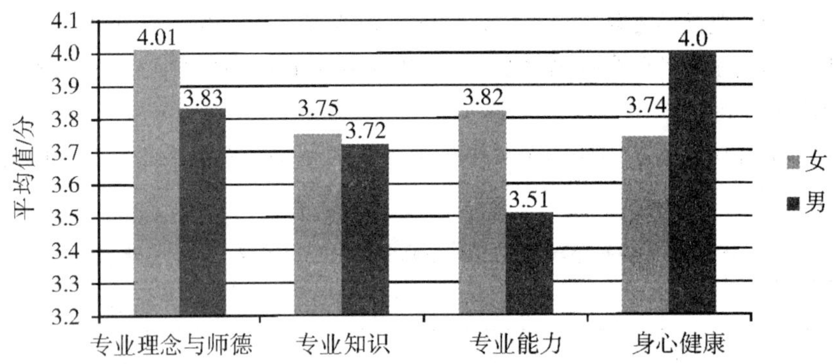

图 3-1　集中连片特困地区乡村小学不同性别教师在各个维度上的均值比较

由图 3-1 可以看出，在专业理念与师德、专业知识、专业能力 3 个维度，集中连片特困地区乡村小学女性教师的得分高于男性教师；在身心健康维度，集中连片特困地区乡村小学男性教师的得分高于女性教师。

2. 集中连片特困地区乡村小学不同性别教师与集中连片特困地区乡村小学教师总体之间在教师素质上的比较

（1）集中连片特困地区乡村小学不同性别教师与集中连片特困地区乡村小学教师总体之间在教师素质总均值上的比较见表 3-33。

表 3-33　集中连片特困地区乡村小学不同性别教师与集中连片特困地区乡村小学教师总体之间在教师素质总均值上的比较

性别	乡村小学不同性别教师平均值/分	乡村小学教师总体平均值/分
男	3.76	3.79
女	3.83	

由表 3-33 可以看出，集中连片特困地区乡村小学不同性别教师与集中连片特困地区乡村小学教师总体之间在教师素质总均值在 3.76~3.79 分（满分为 5.00 分），也就是说，集中连片特困地区乡村小学不同性别教师与集中连片特困地区乡村小学教师总体之间在教师素质总均值达到“中”这个等级，因此它们之间不存在差距。

（2）集中连片特困地区乡村小学不同性别教师与集中连片特困地区乡村小学教师总体之间在专业理念与师德维度上均值的比较见表 3-34。

表 3-34　集中连片特困地区乡村小学不同性别教师与集中连片特困地区乡村小学教师总体之间在专业理念与师德维度上均值的比较

性别	乡村小学不同性别教师在专业理念与师德维度上的均值/分	乡村小学教师总体在专业理念与师德维度上的平均值/分
女	4.01	3.91
男	3.83	

由表 3-34 可以看出，集中连片特困地区乡村小学女性教师在专业理念与师德维度均值为 4.01 分（满分为 5.00 分），处于“良”这个等级；而集中连片特困地区乡村小学教师教师总体在专业理念与师德维度上的均值为 3.91 分（满分为 5.00 分），处于“中”这个等级。因此，集中连片特困地区乡村小学女教师与集中连片特困地区乡村小学教师总体之间在专业理念与师德上存在一定差距。

集中连片特困地区乡村小学男性教师在专业理念与师德维度均值为 3.83 分（满分为 5.00 分），处于“中”这个等级；集中连片特困地区乡村小学教师教师总体在专业理念与师德维度上的均值为 3.91 分（满分为 5.00 分），也处于“中”这个等级。因此，集中连片特困地区乡村小学男教师与集中连片特困地区乡村小学教师总体之间在专业理念与师德上不存在差距。

（3）集中连片特困地区乡村小学不同性别教师与集中连片特困地区乡村小学教师总体之间在专业知识维度上均值的比较见表3-35。

表3-35　集中连片特困地区乡村小学不同性别教师与集中连片特困地区乡村小学教师总体之间在专业知识维度上均值的比较

性别	乡村小学不同性别教师在专业知识维度上的均值/分	乡村小学教师总体在专业知识维度上的均值/分
女	3.75	3.67
男	3.72	

由表3-35可以看出，集中连片特困地区乡村小学女性教师在专业知识维度均值为3.75分（满分为5.00分），处于“中”这个等级；集中连片特困地区乡村小学教师教师总体在专业知识维度上的均值为3.67分（满分为5.00分），也处于“中”这个等级。因此，集中连片特困地区乡村小学女教师与集中连片特困地区乡村小学教师总体之间在专业知识上不存在差距。

集中连片特困地区乡村小学男性教师在专业知识维度均值为3.72分（满分为5.00分），处于“中”这个等级；集中连片特困地区乡村小学教师教师总体在专业知识维度上的均值为3.67分（满分为5.00分），也处于“中”这个等级。因此，集中连片特困地区乡村小学男教师与集中连片特困地区乡村小学教师总体之间在专业知识上不存在差距。

（4）集中连片特困地区乡村小学不同性别教师与集中连片特困地区乡村小学教师总体之间在专业能力维度上均值的比较见表3-36。

表3-36　集中连片特困地区乡村小学不同性别教师与集中连片特困地区乡村小学教师总体之间在专业能力维度上均值的比较

性别	乡村小学不同性别教师在专业能力维度上的均值/分	乡村小学教师总体在专业能力维度上的均值/分
女	3.82	3.75
男	3.51	

由表3-36可以看出，集中连片特困地区乡村小学女性教师在专业能力维度均值为3.82分（满分为5.00分），处于“中”这个等级；集中连片特困地区乡村小学教师教师总体在专业能力维度上的均值为3.75分（满分为5.00分），也处于“中”这个等级。因此，集中连片特困地区乡村小学女教师与集中连片特困地区乡村小学教师总体之间在专业能力上不存在差距。

集中连片特困地区乡村小学男性教师在专业能力维度均值为 3.51 分（满分为 5.00 分），处于“中”这个等级，详细点描述是处于“中等偏下”；集中连片特困地区乡村小学教师教师总体在专业能力维度上的均值为 3.75 分（满分为 5.00 分），处于“中”这个等级。因此，集中连片特困地区乡村小学男教师与集中连片特困地区乡村小学教师总体之间在专业能力上存在一定差距。

（5）集中连片特困地区乡村小学不同性别教师与集中连片特困地区乡村小学教师总体之间在身心健康维度上均值的比较见表 3-37。

表 3-37　集中连片特困地区乡村小学不同性别教师与集中连片特困地区乡村小学教师总体之间在身心健康维度上均值的比较

性别	乡村小学不同性别教师在身心健康维度上的均值/分	乡村小学教师总体在身心健康维度上的均值/分
女	3.74	3.83
男	4.00	

由表 3-37 可以看出，集中连片特困地区乡村小学女性教师在身心健康维度均值为 3.74 分（满分为 5.00 分），处于“中”这个等级；集中连片特困地区乡村小学教师总体在身心健康维度上的均值为 3.83 分（满分为 5.00 分），也处于“中”这个等级。因此，集中连片特困地区乡村小学女教师与集中连片特困地区乡村小学教师总体之间在身心健康上不存在差距。

集中连片特困地区乡村小学男性教师在身心健康维度均值为 4.00 分（满分为 5.00 分），处于“良”这个等级；集中连片特困地区乡村小学教师总体在身心健康维度上的均值为 3.83 分（满分为 5.00 分），处于“中”这个等级。因此，集中连片特困地区乡村小学男教师与集中连片特困地区乡村小学教师总体之间在身心健康上存在一定差距。

（三）年龄维度的分析

1. 集中连片特困地区乡村小学不同年龄教师的素质比较

（1）集中连片特困地区乡村小学不同年龄教师在教师素质总均值上的比较见表 3-38。

表 3-38　乡村小学不同年龄教师在教师素质总均值上的比较

年龄	人数/人	平均值/分
30 岁及以下	222	3.73

表3-38(续)

年龄	人数/人	平均值/分
31~40 岁	313	3.81
41~50 岁	63	3.85
51~60 岁	5	3.77

由表 3-38 可以看出，集中连片特困地区乡村小学不同年龄教师在教师素质总均值上为 3.73~3.85 分（满分为 5.00 分），处于“中”这个等级。

（2）集中连片特困地区乡村小学不同年龄教师在专业理念与师德维度上的均值比较见表 3-39。

表 3-39　乡村小学不同年龄教师在专业理念与师德维度上的均值比较

年龄	人数/人	平均值/分
30 岁及以下	222	3.75
31~40 岁	313	3.84
41~50 岁	63	3.87
51~60 岁	5	3.91

由表 3-39 可以看出，集中连片特困地区乡村小学不同年龄教师在专业理念与师德维度上均值在 3.75~3.91 分（满分为 5.00 分），达到“中”这个等级，而且随着年龄的增长乡村小学教师在专业理念与师德维度上均值也有所增长，它们之间成正比例关系。

（3）集中连片特困地区乡村小学不同年龄教师在专业知识维度上的均值比较见表 3-40。

表 3-40　乡村小学不同年龄教师在专业知识维度上的均值比较

年龄	人数/人	平均值/分
30 岁及以下	222	3.57
31~40 岁	313	3.64
41~50 岁	63	3.71
51~60 岁	5	3.81

由表 3-40 可以看出，集中连片特困地区乡村小学不同年龄教师在专业知

识维度上均值在 3. 57~3. 81 分（满分为 5. 00 分），达到“中”这个等级，而且随着年龄的增长乡村小学教师在专业知识维度上均值也在增长，它们之间成正比例关系。

（4）集中连片特困地区乡村小学不同年龄教师在专业能力维度上的均值比较见表 3-41。

表 3-41　乡村小学不同年龄教师在专业能力维度上的均值比较

年龄	人数/人	平均值/分
30 岁及以下	222	3. 63
31~40 岁	313	3. 71
41~50 岁	63	3. 80
51~60 岁	5	3. 85

由表 3-41 可以看出，集中连片特困地区乡村小学不同年龄教师之间在专业能力维度上均值在 3. 63~3. 85 分（满分为 5. 00 分），达到“中”这个等级，而且随着年龄的增长乡村小学教师之间在专业能力维度上均值也在增长，它们之间成正比例关系。

（5）集中连片特困地区乡村小学不同年龄教师在身心健康维度上的均值比较见表 3-42。

表 3-42　乡村小学不同年龄教师在身心健康维度上的均值比较

年龄	人数/人	平均值/分
30 岁及以下	222	4. 00
31~40 岁	313	4. 03
41~50 岁	63	4. 02
51~60 岁	5	3. 49

由表 3-42 可以看出，集中连片特困地区乡村小学不同年龄教师之间在身心健康维度上均值在 3. 49~4. 03 分（满分为 5. 00 分），达到“良”和“中”这个等级，而且 50 岁以前的乡村小学教师在身心健康维度上基本变化不大，而 51~60 岁的乡村小学教师在身心健康维度上的均值急剧下降。

（6）集中连片特困地区乡村小学不同年龄教师在各个维度上的均值比较如图 3-2 所示。

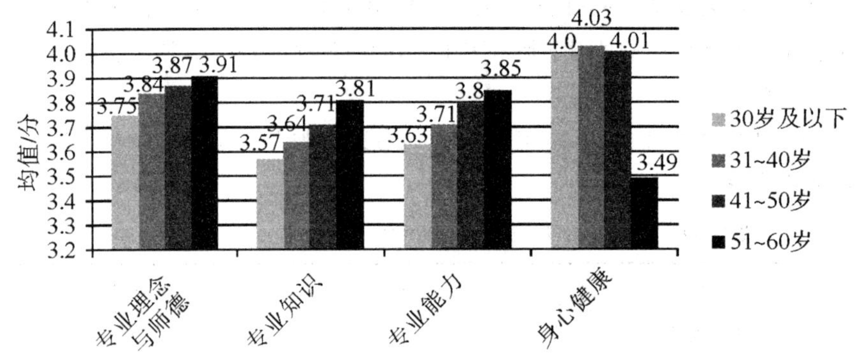

图 3-2　集中连片特困地区乡村小学不同年龄教师在各个维度上的均值比较

由图 3-2 可以看出，集中连片特困地区乡村小学不同年龄教师在专业理念与师德、专业知识、专业能力维度上，各均值都处于“中”这个等级，而且各维度均值与年龄成正比例关系；而集中连片特困地区乡村小学不同年龄教师在身心健康维度上的均值会产生急剧变化。

2. 集中连片特困地区乡村小学不同年龄教师与集中连片特困地区乡村小学教师总体之间在教师素质上的比较

（1）集中连片特困地区乡村小学不同年龄教师与集中连片特困地区乡村小学教师总体之间在教师素质总均值上的比较见表 3-43。

表 3-43　集中连片特困地区乡村小学不同年龄教师与集中连片特困地区乡村小学教师总体之间在教师素质总均值上的比较

年龄	乡村小学不同年龄教师平均值/分	乡村小学教师总体平均值/分
30 岁及以下	3. 74	3. 79
31~40 岁	3. 81	
41~50 岁	3. 85	
51~60 岁	3. 77	

由表 3-43 可以看出，集中连片特困地区乡村小学不同年龄教师与集中连片特困地区乡村小学教师总体的教师素质总均值在 3. 74~3. 85 分（满分为 5. 00 分），因此，集中连片特困地区乡村小学不同年龄教师与集中连片特困地区乡村小学教师总体的教师素质总均值达到“中”这个等级，它们之间不存在差距。

（2）集中连片特困地区乡村小学不同年龄教师与集中连片特困地区乡村

小学教师总体之间在专业理念与师德维度上均值的比较见表 3-44。

表 3-44　集中连片特困地区乡村小学不同年龄教师与集中连片特困地区乡村小学教师总体之间在专业理念与师德维度上均值的比较

年龄	乡村小学不同年龄教师在专业理念与师德维度上的均值/分	乡村小学教师总体在专业理念与师德维度上的均值/分
30 岁及以下	3.75	3.91
31~40 岁	3.84	
41~50 岁	3.87	
51~60 岁	3.91	

由表 3-44 所示得出，集中连片特困地区乡村小学不同年龄教师与集中连片特困地区乡村小学教师总体在专业理念与师德维度上的总均值为 3.75~3.91 分（满分为 5.00 分），都处于“中”这个等级，故它们之间不存在差距。

（3）集中连片特困地区乡村小学不同年龄教师与集中连片特困地区乡村小学教师总体之间在专业知识维度上均值的比较见表 3-45。

表 3-45　集中连片特困地区乡村小学不同年龄教师与集中连片特困地区乡村小学教师总体之间在专业知识维度上均值的比较

年龄	乡村小学不同年龄教师在专业知识维度上的均值/分	乡村小学教师总体在专业知识维度上的均值/分
30 岁及以下	3.57	3.67
31~40 岁	3.64	
41~50 岁	3.71	
51~60 岁	3.81	

由表 3-45 可以看出，集中连片特困地区乡村小学不同年龄教师与集中连片特困地区乡村小学教师总体在专业知识维度上的均值为 3.57~3.81 分（满分为 5.00 分），它们都处于“中”这个等级，故它们之间不存在差距。

（4）集中连片特困地区乡村小学不同年龄教师与集中连片特困地区乡村小学教师总体之间在专业能力维度上均值的比较见表 3-46。

表 3-46　集中连片特困地区乡村小学不同年龄教师与集中连片特困地区乡村小学教师总体之间在专业能力维度上均值的比较

年龄	乡村小学不同年龄教师在专业能力维度上的均值/分	乡村小学教师总体在专业能力维度上的均值/分
30 岁及以下	3.63	3.75
31~40 岁	3.71	
41~50 岁	3.80	
51~60 岁	3.85	

由表 3-46 可以看出，集中连片特困地区乡村小学不同年龄教师与集中连片特困地区乡村小学教师总体在专业能力维度上的均值为 3.63~3.85 分（满分为 5.00 分），它们都处于“中”这个等级，故它们之间不存在差距。

（5）集中连片特困地区乡村小学不同年龄教师与集中连片特困地区乡村小学教师总体之间在身心健康维度上均值的比较见表 3-47。

表 3-47　集中连片特困地区乡村小学不同年龄教师与集中连片特困地区乡村小学教师总体之间在身心健康维度上均值的比较

年龄	乡村小学不同年龄教师在身心健康维度上的均值/分	乡村小学教师总体在身心健康维度上的均值/分
30 岁及以下	4.00	3.83
31~40 岁	4.03	
41~50 岁	4.01	
51~60 岁	3.49	

由表 3-47 所示得出，集中连片特困地区乡村小学不同年龄教师在身心健康维度上的均值为 3.49~4.00 分（满分为 5.00 分），处于“良”和“及格”等级；而集中连片特困地区乡村小学教师总体在身心健康维度上的均值为 3.83 分（满分为 5.00 分），处于“中”这个等级，故它们之间存在一定差距。

（四）教龄维度的分析

1. 集中连片特困地区乡村小学不同教龄教师之间的素质比较

（1）集中连片特困地区乡村小学不同教龄教师在教师素质总均值上的比较见表 3-48。

表 3-48　乡村小学不同教龄教师之间在教师素质总均值上的比较

教龄	人数/人	平均值/分
1~5 年	234	3. 76
6~10 年	201	3. 79
11~15 年	112	3. 81
16 年及以上	56	3. 78

由表 3-48 可以看出，集中连片特困地区乡村小学不同教龄教师的教师素质总均值为 3. 76~3. 81 分（满分为 5. 00 分），达到“中”这个等级。

（2）集中连片特困地区乡村小学不同教龄教师在专业理念与师德维度上的均值比较见表 3-49。

表 3-49　乡村小学不同教龄教师在专业理念与师德维度上的均值比较

教龄	人数/人	平均值/分
1~5 年	234	3. 79
6~10 年	201	3. 81
11~15 年	112	3. 82
16 年及以上	56	3. 84

由表 3-49 可以看出，集中连片特困地区乡村小学不同教龄教师在专业理念与师德维度上的均值在 3. 79~3. 84 分（满分为 5. 00 分），达到“中”这个等级，而且随着教龄的增长乡村小学教师在专业理念与师德维度上均值也会增长，它们之间成正比例关系。

（3）集中连片特困地区乡村小学不同教龄教师在专业知识维度上的均值比较见表 3-50。

表 3-50　乡村小学不同教龄教师在专业知识维度上的均值比较

教龄	人数/人	平均值/分
1~5 年	234	3. 61
6~10 年	201	3. 63
11~15 年	112	3. 67
16 年及以上	56	3. 69

由表 3-50 可以看出，集中连片特困地区乡村小学不同教龄教师在专业知

识维度上均值在 3. 61~3. 69 分（满分为 5. 00 分），达到“中”这个等级，而且随着教龄的增长乡村小学教师在专业知识维度上均值也会增长，它们之间成正比例关系。

（4）集中连片特困地区乡村小学不同教龄教师在专业能力维度上的均值比较见表 3-51。

表 3-51　乡村小学不同教龄教师在专业能力维度上的均值比较

教龄	人数/人	平均值/分
1~5 年	234	3. 64
6~10 年	201	3. 69
11~15 年	112	3. 71
16 年及以上	56	3. 74

由表 3-51 可以看出，集中连片特困地区乡村小学不同教龄教师在专业能力维度上的均值在 3. 64~3. 74 分（满分为 5. 00 分），达到“中”这个等级，而且随着教龄的增长乡村小学教师之间在专业能力维度上均值也会增长，它们之间成正比例关系。

（5）集中连片特困地区乡村小学不同教龄教师在身心健康维度上的均值比较见表 3-52。

表 3-52　乡村小学不同教龄教师在身心健康维度上的均值比较

教龄	人数/人	平均值/分
1~5 年	234	4. 01
6~10 年	201	4. 03
11~15 年	112	4. 04
16 年及以上	56	3. 84

由表 3-52 可以看出，集中连片特困地区乡村小学不同教龄教师在身心健康维度上的均值在 3. 84~4. 04 分（满分为 5. 00 分），达到“良”和“中”这个等级，而且教龄在 16 年及以上的乡村小学教师在身心健康维度上的变化很大。

（6）集中连片特困地区乡村小学不同教龄教师在各个维度上的均值比较如图 3-3所示。

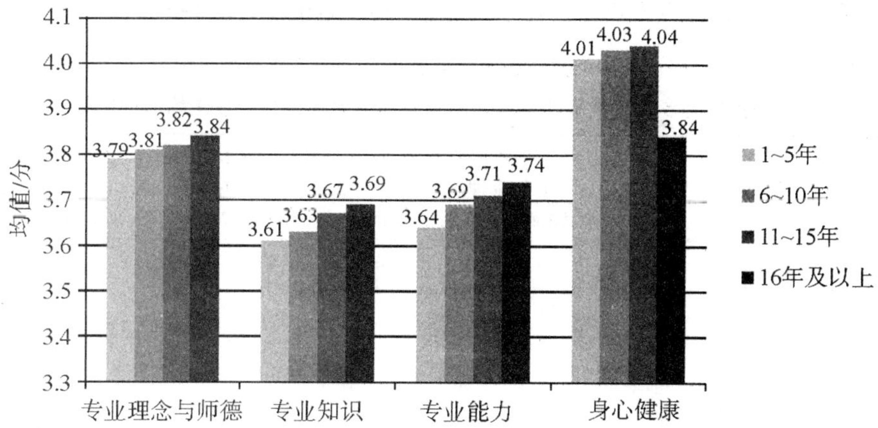

图 3-3 集中连片特困地区乡村小学不同教龄教师在各个维度上的均值比较

由图 3-3 可以看出，集中连片特困地区乡村小学不同教龄教师在专业理念与师德、专业知识、专业能力维度上，各均值处于“中”这个等级，而且各维度均值与年龄成正比例关系；而集中连片特困地区乡村小学不同教龄教师在身心健康维度上均值产生急剧变化。

2. 集中连片特困地区乡村小学不同教龄教师与集中连片特困地区乡村小学教师总体之间在教师素质上的比较

（1）集中连片特困地区乡村小学不同教龄教师与集中连片特困地区乡村小学教师总体之间在教师素质总均值上的比较见表 3-53。

表 3-53 集中连片特困地区乡村小学不同教龄教师与集中连片特困地区乡村小学教师总体之间在教师素质总均值上的比较

教龄	乡村小学不同教龄教师平均值/分	乡村小学教师总体平均值/分
1~5 年	3.76	3.79
6~10 年	3.79	
11~15 年	3.81	
16 年及以上	3.78	

由表 3-53 可以看出，集中连片特困地区乡村小学不同教龄教师与集中连片特困地区乡村小学教师总体在教师素质总均值为 3.76~3.81 分（满分为 5.00 分），达到“中”这个等级，因此它们之间不存在差距。

（2）集中连片特困地区乡村小学不同教龄教师与集中连片特困地区乡村

小学教师总体之间在专业理念与师德维度上均值的比较见表 3-54。

表 3-54 集中连片特困地区乡村小学不同教龄教师与集中连片特困地区乡村小学教师总体之间在专业理念与师德维度上均值的比较

教龄	乡村小学不同教龄教师在专业理念与师德维度上的均值/分	乡村小学教师总体在专业理念与师德维度上的均值/分
1~5 年	3. 79	3. 91
6~10 年	3. 81	
11~15 年	3. 82	
16 年及以上	3. 84	

由表 3-54 可以看出，集中连片特困地区乡村小学不同教龄教师在专业理念与师德维度上的均值为 3. 79~3. 84 分（满分为 5. 00 分），而集中连片特困地区乡村小学教师总体在专业理念与师德维度均值为 3. 91 分（满分为 5. 00 分），都处于“中”这个等级，故它们之间不存在差距。

（3）集中连片特困地区乡村小学不同教龄教师与集中连片特困地区乡村小学教师总体之间在专业知识维度上均值的比较见表 3-55。

表 3-55 集中连片特困地区乡村小学不同教龄教师与集中连片特困地区乡村小学教师总体之间在专业知识维度上均值的比较

教龄	乡村小学不同教龄教师在专业知识维度上的均值/分	乡村小学教师总体在专业知识维度上的均值/分
1~5 年	3. 61	3. 67
6~10 年	3. 63	
11~15 年	3. 67	
16 年及以上	3. 69	

由表 3-55 可以看出，集中连片特困地区乡村小学不同教龄教师与集中连片特困地区乡村小学教师总体在专业知识维度上的均值为 3. 61~3. 69 分（满分为 5. 00 分），都处于“中”这个等级，故它们之间不存在差距。

（4）集中连片特困地区乡村小学不同教龄教师与集中连片特困地区乡村小学教师总体之间在专业能力维度上均值的比较见表 3-56。

表 3-56 集中连片特困地区乡村小学不同教龄教师与集中连片特困地区乡村小学教师总体之间在专业能力维度上均值的比较

教龄	乡村小学不同教龄教师在专业能力维度上的均值/分	乡村小学教师总体在专业能力维度上的均值/分
1~5 年	3.64	3.75
6~10 年	3.69	
11~15 年	3.71	
16 年及以上	3.74	

由表 3-56 可以看出，集中连片特困地区乡村小学不同教龄教师在专业能力维度上的均值为 3.64~3.74 分（满分为 5.00 分），而集中连片特困地区乡村小学教师总体在专业能力维度均值为 3.75 分（满分为 5.00 分），都处于"中"这个等级，故它们之间不存在差距。

（5）集中连片特困地区乡村小学不同教龄教师与集中连片特困地区乡村小学教师总体之间在身心健康维度上均值的比较见表 3-57。

表 3-57 集中连片特困地区乡村小学不同教龄教师与集中连片特困地区乡村小学教师总体之间在身心健康维度上均值的比较

教龄	乡村小学不同教龄教师在身心健康维度上的均值/分	乡村小学教师总体在身心健康维度上的均值/分
1~5 年	4.01	3.83
6~10 年	4.03	
11~15 年	4.04	
16 年及以上	3.84	

由表 3-57 可以看出，集中连片特困地区乡村小学不同教龄教师在身心健康维度上的均值为 3.84~4.04 分（满分为 5.00 分），处于"良"和"中"等级；而集中连片特困地区乡村小学教师总体在专业能力维度均值为 3.83 分（满分为 5.00 分），所以集中连片特困地区乡村小学教师教龄在 16 年以下身心健康维度的均值高于集中连片特困地区乡村小学教师总体在身心健康维度均值，而集中连片特困地区乡村小学教师教龄 16 年及以上和集中连片特困地区乡村小学教师总体在身心健康维度均值都处于"中"这个等级，故它们之间不存在差距。

（五）职称维度的分析

1. 集中连片特困地区乡村小学不同职称教师的素质比较

（1）集中连片特困地区乡村小学不同职称教师在教师素质总均值上的比较见表3-58。

表3-58　乡村小学不同职称教师在教师素质总均值上的比较

职称	人数/人	平均值/分
小学高级	4	3.74
小学一级	303	3.78
小学二级	268	3.81
其他	28	3.83

由表3-58可以看出，集中连片特困地区乡村小学不同职称教师在教师素质总均值上为3.74~3.83分（满分为5.00分），达到“中”这个等级。

（2）集中连片特困地区乡村小学不同职称教师在专业理念与师德维度上的均值比较见表3-59。

表3-59　乡村小学不同职称教师之间在专业理念与师德维度上的均值比较

职称	人数/人	平均值/分
小学高级	4	3.81
小学一级	303	3.81
小学二级	268	3.79
其他	28	3.78

由表3-59可以看出，集中连片特困地区乡村小学不同职称教师在专业理念与师德维度上均值为3.78~3.81分（满分为5.00分），达到“中”这个等级。

（3）集中连片特困地区乡村小学不同职称教师在专业知识维度上的均值比较见表3-60。

表 3-60 乡村小学不同职称教师在专业知识维度上的均值比较

职称	人数/人	平均值/分
小学高级	4	3.74
小学一级	303	3.79
小学二级	268	3.76
其他	28	3.75

由表 3-60 可以看出，集中连片特困地区乡村小学不同职称教师在专业知识维度上均值为 3.74~3.79 分（满分为 5.00 分），达到“中”这个等级。

（4）集中连片特困地区乡村小学不同职称教师在专业能力维度上的均值比较见表 3-61。

表 3-61 乡村小学不同职称教师在专业能力维度上的均值比较

职称	人数/人	平均值/分
小学高级	4	3.67
小学一级	303	3.75
小学二级	268	3.83
其他	28	3.87

由表 3-61 可以看出，集中连片特困地区乡村小学不同职称教师在专业能力维度上均值为 3.67~3.87 分（满分为 5.00 分），达到“中”这个等级，而且随着职称的提升乡村小学教师在专业能力维度上的均值也有所下降，它们之间成反比例关系。

（5）集中连片特困地区乡村小学不同职称教师在身心健康维度上的均值比较见表 3-62。

表 3-62 乡村小学不同职称教师在身心健康维度上的均值比较

职称	人数/人	平均值/分
小学高级	4	3.74
小学一级	303	3.76
小学二级	268	3.87
其他	28	3.97

由表 3-62 可以看出，集中连片特困地区乡村小学不同职称教师在身心健康维度上均值为 3.74~3.97 分（满分为 5.00 分），达到“中”这个等级，而且随着职称的提升乡村小学教师之间在身心健康维度上的均值有所下降，它们之间成反比例关系。

（6）集中连片特困地区乡村小学不同职称教师在各个维度上的均值比较如图 3-4 所示。

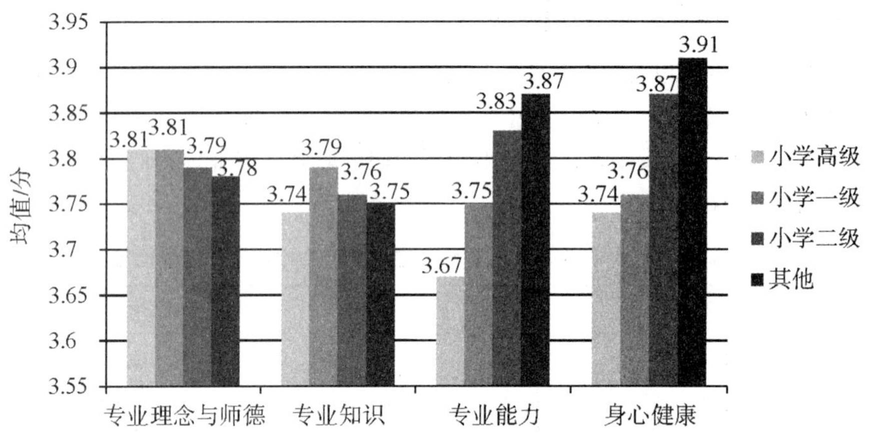

图 3-4　集中连片特困地区乡村小学不同职称教师在各个维度上的均值比较

由图 3-4 可以看出，集中连片特困地区乡村小学不同职称教师在专业理念与师德、专业知识、专业能力、身心健康维度上，各均值处于“中”这个等级，而且专业能力、身心健康维度均值与职称成反比例关系。

2. 集中连片特困地区乡村小学不同职称教师与集中连片特困地区乡村小学教师总体之间在教师素质上的比较

（1）集中连片特困地区乡村小学不同职称教师与集中连片特困地区乡村小学教师总体之间在教师素质总均值上的比较见表 3-63。

表 3-63　集中连片特困地区乡村小学不同职称教师与集中连片特困地区乡村小学教师总体之间在教师素质总均值上的比较

职称	乡村小学不同职称教师平均值/分	乡村小学教师总体平均值/分
小学高级	3.74	3.79
小学一级	3.78	
小学二级	3.81	
其他	3.83	

由表 3-63 可以看出，集中连片特困地区乡村小学不同职称教师与集中连片特困地区乡村小学教师总体之间在教师素质总均值在 3. 74～3. 83 分（满分为 5. 00 分），都处于“中”这个等级，因此它们之间不存在差距。

（2）集中连片特困地区乡村小学不同职称教师与集中连片特困地区乡村小学教师总体之间在专业理念与师德维度上均值的比较见表 3-64。

表 3-64 集中连片特困地区乡村小学不同职称教师与集中连片特困地区乡村小学教师总体之间在专业理念与师德维度上均值的比较

职称	乡村小学不同职称教师在专业理念与师德维度上的均值/分	乡村小学教师总体在专业理念与师德维度上的均值/分
小学高级	3. 81	3. 91
小学一级	3. 81	
小学二级	3. 79	
其他	3. 78	

由表 3-64 可以看出，集中连片特困地区乡村小学不同职称教师在专业理念与师德维度上的总均值为 3. 78～3. 81 分（满分为 5. 00 分），而集中连片特困地区乡村小学教师总体在专业理念与师德维度均值为 3. 91 分（满分为 5. 00 分），都处于“中”这个等级，故它们之间不存在差距。

（3）集中连片特困地区乡村小学不同职称教师与集中连片特困地区乡村小学教师总体之间在专业知识维度上均值的比较见表 3-65。

表 3-65 集中连片特困地区乡村小学不同职称教师与集中连片特困地区乡村小学教师总体之间在专业知识维度上均值的比较

职称	乡村小学不同职称教师在专业知识维度上的均值/分	乡村小学教师总体在专业知识维度上的均值/分
小学高级	3. 74	3. 67
小学一级	3. 79	
小学二级	3. 76	
其他	3. 75	

由表 3-65 可以看出，集中连片特困地区乡村小学不同职称教师在专业知识维度上的均值在 3. 74～3. 79 分（满分为 5. 00 分），而集中连片特困地区乡村小学教师总体在专业知识维度均值为 3. 67 分（满分为 5. 00 分），都处于

“中”这个等级，故它们之间不存在差距。

（4）集中连片特困地区乡村小学不同职称教师与集中连片特困地区乡村小学教师总体之间在专业能力维度上均值的比较见表 3-66。

表 3-66 集中连片特困地区乡村小学不同职称教师与集中连片特困地区乡村小学教师总体之间在专业能力维度上均值的比较

职称	乡村小学不同职称教师在专业能力维度上的均值/分	乡村小学教师总体在专业能力维度上的均值/分
小学高级	3.67	3.75
小学一级	3.75	
小学二级	3.83	
其他	3.87	

由表 3-66 可以看出，集中连片特困地区乡村小学不同职称教师与集中连片特困地区乡村小学教师总体在专业能力维度上的均值为 3.67~3.87 分（满分为 5.00 分），都处于“中”这个等级，故它们之间不存在差距。

（5）集中连片特困地区乡村小学不同职称教师与集中连片特困地区乡村小学教师总体之间在身心健康维度上均值的比较见表 3-67。

表 3-67 集中连片特困地区乡村小学不同职称教师与集中连片特困地区乡村小学教师总体之间在身心健康维度上均值的比较

职称	乡村小学不同职称教师在身心健康维度上的均值/分	乡村小学教师总体在身心健康维度上的均值/分
小学高级	3.74	3.83
小学一级	3.76	
小学二级	3.87	
其他	3.97	

由表 3-67 可以看出，集中连片特困地区乡村小学不同职称教师与集中连片特困地区乡村小学教师总体在身心健康维度上的均值为 3.74~3.97 分（满分为 5.00 分），都处于“中”等级，故它们之间不存在差距。

三、主要问题

（一）集中连片特困地区乡村小学教师素质的总体水平

集中连片特困地区乡村小学教师素质总均值为3.79分（满分5.00分），即集中连片特困地区乡村小学教师在教师素质各个维度的总均值为3.79分，处于“中”的等级水平，详细点描述就是中等偏上，接近良。

（二）集中连片特困地区乡村小学教师在各个维度的素质情况

第一，集中连片特困地区乡村小学教师在专业理念与师德、专业能力、身心健康三个维度平均值在3.75~3.91分（满分为5.00分），处于“中”这个等级，详细点描述就是中等偏上。而集中连片特困地区乡村小学教师在专业知识维度均值为3.67分，处于中等偏下水平。

第二，将集中连片特困地区乡村小学教师在专业理念与师德、专业知识、专业能力、身心健康四个维度均值从高到低排序，依次是专业理念与师德、身心健康、专业能力、专业知识。

（三）集中连片特困地区乡村小学教师在各个维度中各领域的素质情况

1. 专业理念与师德维度中各领域素质情况

集中连片特困地区乡村小学教师在专业理念与师德维度中的职业理解与认识、对小学生的态度与行为、教育教学的态度与行为、个人修养与行为四个领域的均值在3.79~4.01分（满分为5.00分），职业理解与认识、对小学生的态度与行为刚刚达到“良”这个等级，而教育教学的态度与行为、个人修养与行为处于“中”这个等级。

将集中连片特困地区乡村小学教师在专业理念与师德维度中的职业理解与认识、对小学生的态度与行为、教育教学的态度与行为、个人修养与行为四个领域均值从高到低排序，依次是职业理解与认识、对小学生的态度与行为、个人修养与行为、教育教学的态度与行为。

2. 专业知识维度中各领域素质情况

集中连片特困地区乡村小学教师在专业知识维度中的小学生发展知识、学科知识、教育教学知识、通识性知识四个领域的均值在3.51~4.00分（满分为5.00分），学科知识刚刚达到“良”这个等级，而小学生发展知识、教育教学知识处于“中”这个等级，而通识性知识处于“及格”这个等级。

将集中连片特困地区乡村小学教师在专业知识维度中的小学生发展知识、学科知识、教育教学知识、通识性知识四个领域均值从高到低排序，依次是学科知识、小学生发展知识、教育教学知识、通识性知识。

3. 专业能力维度中各领域素质情况

集中连片特困地区乡村小学教师在专业能力维度中的教育教学设计、组织与实施、激励与评价、沟通与合作、反思与发展五个领域的均值在 3. 55~4. 06 分（满分为 5. 00 分），那么教育教学设计刚刚达到“良”这个等级，而组织与实施、激励与评价、沟通与合作、反思与发展处于“中”这个等级。

将集中连片特困地区乡村小学教师在专业能力维度中的教育教学设计、组织与实施、激励与评价、沟通与合作、反思与发展五个领域均值从高到低排序，依次是教育教学设计、组织与实施、激励与评价、沟通与合作、反思与发展。

4. 身心健康维度中各领域素质情况

集中连片特困地区乡村小学教师在身心健康维度中的身体健康、心理健康两个领域的均值在 3. 61~4. 04 分（满分为 5. 00 分），也就是说身心健康刚刚达到“良”这个等级，而心理健康处于“中”这个等级。

将集中连片特困地区乡村小学教师在身心健康维度中的身体健康、心理健康两个领域均值从高到低排序，依次是身体健康、心理健康。

（四）集中连片特困地区乡村小学教师在各个维度的领域中各指标的素质情况

1. 单项指标均值的变化范围

在四个维度 15 个领域 64 项素质指标中，各个单项的均值在 3. 43~4. 2 分（满分 5. 00）。

2. 在四个维度 15 个领域 64 项素质指标中平均得分最高和最低的 3 项指标

（1）得分最高的 3 项指标如下：

指标 7（尊重小学生独立人格，维护小学生合法权益，平等对待每一位小学生。不讽刺、挖苦、歧视小学生，不体罚或变相体罚小学生）

指 38（合理利用教学资源，科学编写教案）

指标 62（有基本的医药、保健知识，能预防常见的小学教师职业病）

（2）得分最低的 3 项指标如下：

指标 36（具有适应教学内容、教学手段和方法现代化的信息技术知识）

指标 31（掌握不同年龄小学生的认识规律和教育心理学的基本原理和方法）

指标 30（掌握小学生品行养成的特点与规律）

3. 每个维度得分最高的 3 个指标

（1）在专业理念与师德维度中得分最高的 3 个指标：

指标 1（贯彻党和国家教育方针政策，遵守教育法律法规）

指标 2（理解小学教育工作的意义，热爱小学教育事业，具有职业理想和敬爱精神）

指标 7（尊重小学生独立人格，维护小学生合法权益，平等对待每一位小学生。不讽刺、挖苦、歧视小学生，不体罚或变相体罚小学生）

（2）在专业知识维度中得分最高的 3 个指标：

指标 26（适应小学综合性教学的要求，了解多学科知识）

指标 27（掌握所教学科知识体系、基本思想与方法）

指标 28（了解所教学科与社会实践、少先队活动的联系，了解与其他学科的联系）

（3）在专业能力维度中得分最高的 3 个指标：

指标 37（合理制订小学生个体与集体的教育教学计划）

指标 38（合理利用教学资源，科学编写教案）

指标 39（合理设计主题鲜明、丰富多彩的班级和少先队活动）

（4）在身心健康维度中得分最高的 2 个指标：

指标 62（有基本的医药、保健知识，能预防常见的小学教师职业病）

指标 61（重视体育锻炼，能坚持有计划、有针对性地参加各种体育活动，提供身体素质）

4. 每个维度得分最低的 3 个指标

（1）在专业理念与师德维度中得分最低的 3 个指标：

指标 12（引导小学生体验学习乐趣，保护小学生的求知欲和好奇心，培养小学生的广泛兴趣、动手能力和探究精神）

指标 11（尊重教育规律和小学生身心发展规律，为每一个小学生提供适合的教育）

指标 17（善于自我调节情绪，保持平和心态）

（2）在专业知识维度中得分最低的 3 个指标：

指标 31（掌握不同年龄小学生的认识规律和教育心理学的基本原理和方法）

指标 30（掌握小学生品行养成的特点与规律）

指标 36（具有适应教学内容、教学手段和方法现代化的信息技术知识）

（3）在专业能力维度中得分最低的 3 个指标：

指标 57（协助学校和社区建立合作互助的良好关系）

指标 59（针对教育教学工作中的现实需要与问题，进行探索和研究）

指标 60（制定专业发展规划，积极参加专业培训，不断提高自身专业素质）

（4）在身心健康维度中得分最低的 2 个指标：

指标 63（有良好的心态，具有协调和控制情绪的能力）

指标 64（有积极、健康、合理的生活和工作习惯）

（五）集中连片特困地区乡村小学教师在性别、年龄、教龄、职称上的素质情况

1. 性别角度

集中连片特困地区乡村小学不同性别教师素质比较如下：

（1）集中连片特困地区乡村小学不同性别教师在教师素质总均值上在 3. 76~3. 83 分（满分为 5. 00 分），乡村小学不同性别教师在教师素质总均值达到“中”这个等级，集中连片特困地区乡村小学不同性别教师之间不存在差距。

（2）在专业理念与师德、专业知识、专业能力 3 个维度，集中连片特困地区乡村小学女性教师的得分高于集中连片特困地区乡村小学男性教师；在身心健康维度，集中连片特困地区乡村小学男性教师的得分高于集中连片特困地区乡村小学女性教师。

2. 年龄角度

集中连片特困地区乡村小学不同年龄教师素质比较如下：

（1）集中连片特困地区乡村小学不同年龄教师在教师素质总均值上在 3. 73~3. 85 分（满分为 5. 00 分），乡村小学不同年龄教师在教师素质总均值达到“中”这个等级，集中连片特困地区乡村小学不同年龄教师之间不存在差距。

（2）集中连片特困地区乡村小学不同年龄教师在专业理念与师德、专业知识、专业能力维度上，各均值处于“中”这个等级，而且各维度均值与年龄成正比例关系；而集中连片特困地区乡村小学不同年龄教师在身心健康维度上均值产生急剧变化。

3. 教龄角度

集中连片特困地区乡村小学不同教龄教师素质比较如下：

（1）集中连片特困地区乡村小学不同教龄教师在教师素质总均值上在3.76~3.81分（满分为5.00分）乡村小学不同教龄教师在教师素质总均值达到“中”这个等级，集中连片特困地区乡村小学不同教龄教师之间不存在差距。

（2）集中连片特困地区乡村小学不同教龄教师在专业理念与师德、专业知识、专业能力维度上，各均值处于“中”这个等级，而且各维度均值与年龄成正比例关系；而集中连片特困地区乡村小学不同教龄教师在身心健康维度上均值产生急剧变化。

4. 职称角度

集中连片特困地区乡村小学不同职称教师素质比较如下：

（1）集中连片特困地区乡村小学不同职称教师在教师素质总均值上在3.74~3.83分（满分为5.00分），乡村小学不同职称教师在教师素质总均值达到“中”这个等级，集中连片特困地区乡村小学不同职称教师之间不存在差距。

（2）集中连片特困地区乡村小学不同职称教师在专业理念与师德、专业知识、专业能力、身心健康维度上，各均值处于“中”这个等级，而且专业能力、身心健康维度均值与职称成反比例关系。

第四章　集中连片特困地区乡村中学教师素质现状研究

一、调查设计

（一）调查目的

笔者对贵州省集中连片特困地区乡村中学教师的素质进行调查，目的在于了解和把握当前我国集中连片特困地区乡村中学教师素质现状，发现目前存在的问题及原因，以便提出提升集中连片特困地区乡村中学教师素质的可行性策略。

（二）调查内容

本调查将集中连片特困地区乡村中学教师素质分解为专业理念与师德、专业知识、专业能力和身心健康四个维度（具体内容见附录3）。专业理念与师德、专业知识、专业能力主要以《中学教师专业标准（试行）》为标准。

专业理念与师德维度包含4个领域（职业理解与认识、对学生的态度与行为、教育教学的态度与行为、个人修养与行为），4个领域又包含19个指标（19个题目）。

专业知识维度包含4个领域（教育知识、学科知识、学科教学知识、通识性知识），4个领域又包含18个指标（18个题目）。

专业能力维度包含6个领域（教学设计、教学实施、班级管理与教育活动、教育教学评价、沟通与合作、反思与发展），6个领域又包含26个指标（26个题目）。

另外身心健康维度包含2个领域（身体健康、心理健康），2个领域又包含 5 个指标（5 个题目）。

（三）调查方法

本研究主要使用问卷调查法。笔者通过把问卷发送给兴义民族师范学院各师范专业毕业的往届学生（在贵州省集中连片特困地区从事特岗工作的），让其及其同事、同事的同事采取相互转发的形式填写，让应届部分学生（家在贵州省集中连片特困地区）找其从事中学教师的亲戚帮助完成问卷。

（四）答题形式

本问卷的题目采取李克特五级量表形式，针对每一个指标（题目），选择您认为您自己做到了多少：1 代表“完全做不到”，2 代表“偶尔做到”，3 代表“不清楚”，4 代表“经常做到”，5 代表“完全做到”。

（五）调查样本情况

本研究的调查对象为贵州省集中连片特困地区在职乡村中学教师，总样本量为 516 人，调查样本分布如下。

1. 调查样本区域分布

本研究的调查样本分布于贵州省六盘水市、安顺市、黔西南布依族苗族自治州、黔东南苗族侗族自治州、黔南布依族苗族自治州、遵义、毕节市的乡村中学一线教师，共计 516 人（具体分布情况见表 4-1）。

表 4-1　调查样本区域分布

区域	人数/人	百分比/%
六盘水市	69	13.4
安顺市	78	15.1
黔西南布依族苗族自治州	90	17.4
黔东南苗族侗族自治州	71	13.8
黔南布依族苗族自治州	75	14.5
遵义	65	12.6
毕节市	68	13.2
总数	516	100.0

2. 调查样本的年龄分布

本研究的调查样本年龄分布涵盖了 30 岁及以下、31~40 岁、41~50 岁、51~60 岁，具体分布情况如表 4-2 所示。

表 4-2 调查样本的年龄分布

年龄	人数/人	百分比/%
30 岁及以下	277	53.7
31~40 岁	184	35.6
41~50 岁	51	9.9
51~60 岁	4	0.8
总数	516	100.0

3. 调查样本的教龄分布

本研究的调查样本教龄分布涵盖 1~5 年、6~10 年、11~15 年、16 年及以上，具体分布情况如表 4-3 所示。

表 4-3 调查样本的教龄分布

教龄	人数/人	百分比/%
1~5 年	211	40.9
6~10 年	185	35.8
11~15 年	86	16.7
16 年及以上	34	6.6
总数	516	100.0

4. 调查样本的学历分布

本研究的调查样本学历分布涵盖硕士及以上、本科、专科、中专、高中及以下，具体分布情况如表 4-4 所示。

表 4-4 调查样本的学历分布

学历	人数/人	百分比/%
硕士及以上	0	0
本科	371	71.9
专科	145	28.1

表4-4(续)

学历	人数/人	百分比/%
中专、高中及以下	0	0
总数	516	100.0

5. 调查样本的性别分布

本研究的调查样本性别分布情况如表 4-5 所示。

表 4-5　调查样本的性别分布

性别	人数/人	百分比/%
男性	237	46
女性	279	54
总数	516	100.0

6. 调查样本的职称分布

本研究的调查样本职称分布涵盖小学高级、小学一级、小学二级、其他，具体分布情况如表 4-6 所示。

表 4-6　调查样本的职称分布

职称	人数/人	百分比/%
中学高级	8	1.6
中学一级	224	43.4
中学二级	257	49.8
其他	27	5.2
总数	516	100.0

7. 调查样本的任教学科分布

本研究的调查样本任教学科分布涵盖语文、数学、外语、体育、音乐、美术、科学、社会、其他，具体分布情况如表 4-7 所示。

表 4-7　调查样本的任教学科分布

任教学科	人数/人	百分比/%
语文	107	20.7

表4-7(续)

任教学科	人数/人	百分比/%
数学	99	19.2
物理	34	6.6
化学	28	5.4
生物	30	5.8
地理	28	5.4
历史	30	5.8
政治	31	6
外语	93	18
体育	17	3.3
音乐	7	1.4
美术	4	0.8
信息技术	5	1
其他	3	0.6
总数	516	100.0

二、调查结果

经过统计分析，笔者得出本次调查的研究结果并通过基本情况、性别、年龄、教龄和职称五个方面进行具体分析。

（一）基本情况

1. 集中连片特困地区乡村中学教师素质的总均值情况

通常，我们将优、良、中、及格、不及格这五个等级的百分制划分为（满分100分）：优≥90分、80分≤良<90分、70分≤中<80分、60分≤及格<70分、不及格<60分。如果将满分为100分折算成满分为5分，我们可以得出优（4.5分及以上）、良（4.00~4.49分）、中（3.50~3.99分）、及格（3.00~3.49分）、不及格（2.99分及以下）。本次调查结果显示集中连片特困地区乡村中学教师素质总均值为4.01分，处于“良”这个等级，也就是说，集中连片特困地

区乡村中学教师素质的总体情况为刚接近“良”的水平。

2. 集中连片特困地区乡村中学教师在不同维度的素质状况

（1）在专业理念与师德、专业知识、专业能力和身心健康四个维度概况，见表 4-8。

表 4-8 乡村中学教师不同维度素质平均值

领域	人数/人	平均值/分
专业理念与师德	516	4.16
专业知识	516	3.94
专业能力	516	3.97
身心健康	516	3.92

由表 4-8 可以看出，在专业理念与师德、专业知识、专业能力、身心健康四个维度的平均值为 3.92~4.16 分（满分为 5.00 分），也就是说，集中连片特困地区乡村中学教师素质在专业理念与师德维度达到“良”这个等级，而在专业知识、专业能力、身心健康维度的得分处于“中”这个等级，详细点描述就是中等偏上。

（2）不同维度中各领域的得分情况。

①专业理念与师德维度中各领域的得分情况。

专业理念与师德维度包含职业理解与认识、对学生的态度与行为、教育教学的态度与行为、个人修养与行为四个领域，这四个领域的具体得分情况如表 4-9 所示。

表 4-9 专业理念与师德维度中各领域的平均值

指标	人数/人	平均值/分
职业理解与认识	516	3.98
对学生的态度与行为	516	4.18
教育教学的态度与行为	516	4.22
个人修养与行为	516	4.26

由表 4-9 可以看出，职业理解与认识、对学生的态度与行为、教育教学的态度与行为、个人修养与行为四个领域的平均值在 3.98~4.26 分（满分为 5.00 分），也就是说，集中连片特困地区乡村中学教师在对学生的态度与行为、教育教学的态度与行为、个人修养与行为领域刚刚达到“良”这个等级，

而职业理解与认识处于“中”这个等级。

②专业知识维度中各领域的得分情况。

专业知识维度包含教育知识、学科知识、学科教学知识、通识性知识四个领域，这四个领域的具体得分情况如表4-10所示。

表4-10 专业知识维度中各领域的平均值

指标	人数/人	平均值/分
教育知识	515	3.89
学科知识	516	3.98
学科教学知识	516	3.97
通识性知识	516	3.91

由表4-10可以看出，教育知识、学科知识、学科教学知识、通识性知识四个领域的平均值为3.89~3.98分（满分为5.00分），也就是说，集中连片特困地区乡村中学教师在教育知识、学科知识、学科教学知识、通识性知识处于“中”这个等级。

③专业能力维度中各领域的得分情况。

专业能力维度包含教学设计、教学实施、班级管理与教育活动、教育教学评价、沟通与合作、反思与发展六个领域，具体得分情况如表4-11所示。

表4-11 专业能力维度中各领域的平均值

指标	人数/人	平均值/分
教学设计	516	4.01
教学实施	515	4.07
班级管理与教育活动	515	4.12
教育教学评价	516	3.87
沟通与合作	516	3.91
反思与发展	516	3.86

由表4-11可以看出，教学设计、教学实施、班级管理与教育活动、教育教学评价、沟通与合作、反思与发展这六个领域的平均值为3.86~4.12分（满分为5.00分），也就是说，集中连片特困地区乡村中学教师在教学设计、教学实施、班级管理与教育活动上达到“良”这个等级，而教育教学评价、

沟通与合作、反思与发展处于“中”这个等级。

④身心健康维度中各领域的得分情况。

身心健康维度包含身体健康和心理健康两个领域，这两个领域的具体得分情况如表 4-12 所示。

表 4-12 身心健康维度中各领域的平均值

指标	人数/人	平均值/分
身体健康	516	3.87
心理健康	516	3.97

由表 4-12 可以看出，身体健康、心理健康两个领域的平均值在 3.87～3.97 分（满分为 5.00 分），也就是说，集中连片特困地区乡村中学教师在身心健康、心理健康领域达到“良”这个等级。

（3）各领域中各指标的得分情况。

①专业理念与师德维度中各领域的各指标得分情况。

职业理解与认识领域中各指标的得分情况如表 4-13 所示。

表 4-13 职业理解与认识领域中各指标的平均值

指标	人数/人	平均值/分
指标 1	516	3.98
指标 2	516	3.99
指标 3	516	3.95
指标 4	516	4.11
指标 5	516	3.96

由表 4-13 可以看出，职业理解与认识领域中各指标的平均值在 3.95～4.11 分（满分为 5.00 分），也就是说，集中连片特困地区乡村中学教师在职业理解与认识领域中除指标 4 外，其他指标达到“中”这个等级，而指标 4 达到“良”这个等级。在职业理解与认识领域中得分最高的是指标 4（具有良好职业道德修养，为人师表），得分最低的是指标 3（认同中学教师的专业性和独特性，注重自身专业发展）。

对学生的态度与行为领域中各指标得分情况如表 4-14 所示。

表 4-14　对学生的态度与行为领域中各指标的平均值

指标	人数/人	平均值/分
指标 6	516	4. 18
指标 7	516	4. 17
指标 8	516	4. 16
指标 9	516	4. 21

由表 4-14 可以看出，对学生的态度与行为领域中各指标的平均值为 3. 16~4. 21 分（满分为 5. 00 分），也就是说，集中连片特困地区乡村中学教师在对学生的态度与行为领域中各指标的得分都达到“良”这个等级。在对学生的态度与行为领域中得分最高的是指标 9（信任中学生，积极创造条件，促进中学生的发展），得分最低的是指标 8（尊重个体差异，主动了解和满足中学生的不同需要）。

教育教学的态度与行为领域中各指标得分情况如表 4-15 所示。

表 4-15　教育教学的态度与行为领域中各指标的平均值

指标	人数/人	平均值/分
指标 10	516	4. 23
指标 11	516	4. 22
指标 12	516	4. 22
指标 13	516	4. 21
指标 14	516	4. 24

由表 4-15 可以看出，教育教学的态度与行为领域中各指标的平均值在 4. 21~4. 25 分（满分为 5. 00 分），也就是说，集中连片特困地区乡村中学教师在教育教学的态度与行为领域中各指标的得分都达到“良”这个等级。在教育教学的态度与行为领域中得分最高的是指标 14（尊重和发挥好共青团、少先队组织的教育引导作用），得分最低的是指标 13（引导中学生自主学习、自强自立，培养良好的思维习惯和适应社会的能力）。

个人修养与行为领域中各指标得分情况如表 4-16 所示。

表 4-16　个人修养与行为领域中各指标的平均值

指标	人数/人	平均值/分
指标 15	516	4. 26
指标 16	516	4. 27
指标 17	516	4. 25
指标 18	516	4. 23
指标 19	516	4. 29

由表 4-16 可以看出，个人修养与行为领域中各指标的平均值在 4. 23～4. 29 分（满分为 5. 00 分），也就是说，集中连片特困地区乡村中学教师在个人修养与行为领域中各指标的得分都达到“良”这个等级。在个人修养与行为领域中得分最高的是指标 19（衣着整洁得体，语言规范健康，举止文明礼貌），得分最低的是指标 18（勤于学习，不断进取）。

②专业知识维度中各领域的各指标得分情况。

教育知识领域中各指标得分情况如表 4-17 所示。

表 4-17　教育知识领域中各指标的平均值

指标	人数/人	平均值/分
指标 20	516	3. 91
指标 21	516	3. 94
指标 22	516	3. 87
指标 23	516	3. 86
指标 24	516	3. 89
指标 25	516	3. 84

由表 4-17 可以看出，教育知识领域中各指标的平均值在 3. 61～3. 71 分（满分为 5. 00 分），也就是说，集中连片特困地区乡村中学教师在教育知识领域中各指标的得分都达到“中”这个等级。在教育知识领域中得分最高的是指标 21（掌握班级、共青团、少先队建设与管理的原则与方法），得分最低的是指标 25（了解中学生群体文化的特点与行为方式）。

学科知识领域中各指标得分情况如表 4-18 所示。

表 4-18　学科知识领域中各指标的平均值

指标	人数/人	平均值/分
指标 26	516	3.99
指标 27	516	4.00
指标 28	516	3.97
指标 29	516	3.96

由表 4-18 可以看出，学科知识领域中各指标的平均值在 3.96～4.00 分（满分为 5.00 分），也就是说，集中连片特困地区乡村中学教师在学科知识领域中指标 27 的得分都达到“良”，而指标 26、指标 28、指标 29 达到“中”这个等级。在学科知识领域中得分最高的是指标 27（掌握所教学科内容的基本知识、基本原理与技能），得分最低的是指标 29（了解所教学科与社会实践、少先队活动的联系）。

学科教学知识领域中各指标得分情况如表 4-19 所示。

表 4-19　学科教学知识领域中各指标的平均值

指标	人数/人	平均值/分
指标 30	516	3.99
指标 31	516	3.97
指标 32	516	3.96
指标 33	516	3.95

由表 4-19 可以看出，学科教学知识领域中各指标的平均值在 3.45～3.61 分（满分为 5.00 分），也就是说，集中连片特困地区乡村中学教师在学科教学知识领域中各指标的得分都达到“中”这个等级。在学科教学知识领域中得分最高的是指标 30（掌握所教学科课程标准），得分最低的是指标 33（掌握针对具体学科内容进行教学和研究性学习的方法与策略）。

通识性知识领域中各指标得分情况如表 4-20 所示。

表 4-20　通识性知识领域中各指标的平均值

指标	人数/人	平均值/分
指标 34	516	3.93
指标 35	516	3.92

表4-20(续)

指标	人数/人	平均值/分
指标 36	516	3.91
指标 37	516	3.86

由表 4-20 可以看出，通识性知识领域中各指标的平均值在 3.86~3.93 分（满分为 5.00 分），也就是说，集中连片特困地区乡村中学教师在通识性知识领域中各指标的得分都达到“中”这个等级。在通识性知识领域中得分最高的是指标 34（具有相应的自然科学和人文社会科学知识），得分最低的是指标 37（具有适应教学内容、教学手段和方法现代化的信息技术知识）。

③专业能力维度中各领域的各指标得分情况。

教学设计领域中各指标得分情况如表 4-21 所示。

表 4-21　教学设计领域中各指标的平均值

指标	人数/人	平均值/分
指标 38	516	4.02
指标 39	516	4.01
指标 40	516	4.00

由表 4-21 可以看出，教学设计领域中各指标的平均值在 4.00~4.02 分（满分为 5.00 分），也就是说，集中连片特困地区乡村中学教师在教学设计领域中各指标的得分都达到“良”这个等级。在教学设计领域中得分最高的是指标 38（科学设计教学目标和教学计划），得分最低的是指标 40（引导和帮助中学生设计个性化的学习计划）。

教学实施领域中各指标得分情况如表 4-22 所示。

表 4-22　教学实施领域中各指标的平均值

指标	人数/人	平均值/分
指标 41	516	4.09
指标 42	516	4.07
指标 43	516	4.07
指标 44	516	4.05
指标 45	516	4.04
指标 46	515	4.03

由表 4-22 可以看出，教学实施领域中各指标的平均值在 4.03~4.09 分（满分为 5.00 分），也就是说，集中连片特困地区乡村中学教师在教学实施领域中各指标的得分都达到“良”这个等级。教学实施领域中得分最高的是指标 41（营造良好的学习环境与氛围，激发和保护中学生的学习兴趣），得分最低的是指标 46（将现代化教育技术手段整合应用到教学中）。

班级管理与教育活动领域中各指标得分情况如表 4-23 所示。

表 4-23　班级管理与教育活动领域中各指标的平均值

指标	人数/人	平均值/分
指标 47	516	4.13
指标 48	516	4.12
指标 49	516	4.11
指标 50	516	4.08
指标 51	516	4.13
指标 52	516	4.12
指标 53	516	4.09

由表 4-23 可以看出，班级管理与教育活动领域中各指标的平均值在 4.08~4.13 分（满分为 5.00 分），也就是说，集中连片特困地区乡村中学教师在班级管理与教育活动领域中各指标的得分都达到“良”这个等级。班级管理与教育活动领域中得分最高的是指标 47、51（指标 47 建立良好的师生关系，帮助中学生建立良好的同伴关系；指标 51 指导学生理想、心理、学业等多方面发展），得分最低的是指标 50（针对中学生青春期生理和心理发展特点，有针对性地组织开展有益身心健康发展的教育活动）。

教育教学评价领域中各指标得分情况如表 4-24 所示。

表 4-24　教育教学评价领域中各指标的平均值

指标	人数/人	平均值/分
指标 54	516	3.86
指标 55	516	3.88
指标 56	516	3.87

由表 4-24 可以看出，教育教学评价领域中各指标的平均值在 3.86~3.88

分（满分为5.00分），也就是说，集中连片特困地区乡村中学教师在教育教学评价领域中各指标的得分都达到“中”这个等级。在教育教学评价领域中得分最高的是指标55（引导学生进行自我评价），得分最低的是指标54（利用评价工具，掌握多元评价方法，多视角、全过程评价学生发展）。

沟通与合作领域中各指标得分情况如表4-25所示。

表4-25 沟通与合作领域中各指标的平均值

指标	人数/人	平均值/分
指标57	516	3.90
指标58	516	3.92
指标59	516	3.91
指标60	516	3.89

由表4-25可以看出，沟通与合作领域中各指标的平均值在3.89~3.92分（满分为5.00分），也就是说，集中连片特困地区乡村中学教师在沟通与合作领域中各指标的得分都达到“中”这个等级。在沟通与合作领域中得分最高的是指标58（与同事合作交流，分享经验和资源，共同发展），得分最低的是指标60（协助学校和社区建立合作互助的良好关系）。

反思与发展领域中各指标得分情况如表4-26所示。

表4-26 反思与发展领域中各指标的平均值

指标	人数/人	平均值/分
指标61	516	3.87
指标62	516	3.84
指标63	516	3.85

由表4-26可以看出，反思与发展领域中各指标的平均值在3.84~3.87分（满分为5.00分），也就是说，集中连片特困地区乡村中学教师在反思与发展领域中各指标的得分都达到“中”这个等级。在反思与发展领域中得分最高的是指标61（主动收集分析相关信息，不断进行反思，改进教育教学工作），得分最低的是指标62（针对教育教学工作中的现实需要与问题，进行探索和研究）。

④身心健康维度中各领域的各指标得分情况。

身体健康领域中各指标得分情况如表4-27所示。

表 4-27　身体健康领域中各指标的平均值

指标	人数/人	平均值/分
指标 64	516	3.82
指标 65	516	3.92

由表 4-27 可以看出，身体健康领域中各指标的平均值在 3.82~3.92 分（满分为 5.00 分），也就是说，集中连片特困地区乡村中学教师在身体健康领域中各指标的得分都达到“中”这个等级。在身体健康领域中得分最高的是指标 64（重视体育锻炼，能坚持有计划、有针对性地参加各种体育活动，提高身体素质），得分最低的是指标 65（有基本的医药、保健知识，能预防常见的小学教师职业病）。

心理健康领域中各指标得分情况如表 4-28 所示。

表 4-28　心理健康领域中各指标的平均值

指标	人数/人	平均值/分
指标 66	516	3.96
指标 67	516	3.99
指标 68	516	3.95

由表 4-28 可以看出，心理健康领域中各指标的平均值在 3.95~3.99 分（满分为 5.00 分），也就是说，集中连片特困地区乡村中学教师在心理健康领域中各指标的得分都达到“中”和“及格”这个等级。在心理健康领域中得分最高的是指标 67（有良好的心态，具有协调和控制情绪的能力），得分最低的是指标 68（有积极、健康、合理的生活和工作习惯）。

（二）性别维度的分析

1. 集中连片特困地区乡村中学不同性别教师的素质比较

（1）集中连片特困地区乡村中学不同性别教师在教师素质总均值上的比较见表 4-29。

表 4-29　乡村中学不同性别教师在教师素质总均值上的比较

性别	人数/人	平均值/分
女	279	4.06
男	237	3.94

由表 4-29 可以看出，集中连片特困地区乡村中学不同性别教师在教师素质总均值上在 3.94~4.06 分（满分为 5.00 分），也就是说，集中连片特困地区乡村中学女性教师在教师素质总均值达到“良”这个等级，而集中连片特困地区乡村中学男性教师在教师素质总均值达到“中”这个等级。

（2）集中连片特困地区乡村中学不同性别教师在专业理念与师德维度上的均值比较见表 4-30。

表 4-30　乡村中学不同性别教师之间在专业理念与师德维度上的均值比较

性别	人数/人	平均值/分
女	279	4.14
男	237	4.07

由表 4-30 可以看出，集中连片特困地区乡村中学不同性别教师在专业理念与师德维度上的均值在 4.07~4.14 分（满分为 5.00 分），均处于“良”这个等级，并且乡村中学女性教师在专业理念与师德方面的素质高于乡村中学男性教师。

（3）集中连片特困地区乡村中学不同性别教师在专业知识维度上的均值比较见表 4-31。

表 4-31　乡村中学不同性别教师在专业知识维度上的均值比较

性别	人数/人	平均值/分
女	279	3.99
男	237	3.90

由表 4-31 可以看出，集中连片特困地区乡村中学不同性别教师在专业知识维度上的均值在 3.90~3.99 分（满分为 5.00 分），均处于“中”这个等级，并且乡村中学女性教师在专业知识方面的素质高于乡村中学男性教师。

（4）集中连片特困地区乡村中学不同性别教师在专业能力维度上的均值比较见表 4-32。

表 4-32　乡村中学不同性别教师在专业能力维度上的均值比较

性别	人数/人	平均值/分
女	279	3.98
男	237	3.93

由表 4-32 可以看出，集中连片特困地区乡村中学不同性别教师在专业能力维度上的均值在 3. 93~3. 98 分（满分为 5. 00 分），均处于“中”这个等级，并且乡村中学女性教师在专业能力维度上高于乡村中学男性教师

（5）集中连片特困地区乡村中学不同性别教师在身心健康维度上的均值比较见表 4-33。

表 4-33　乡村中学不同性别教师在身心健康维度上的均值比较

性别	人数/人	平均值/分
女	279	3. 88
男	237	3. 94

由表 4-33 可以看出，集中连片特困地区乡村中学不同性别教师在身心健康维度上的均值在 3. 88~3. 94 分（满分为 5. 00 分），均达到“中”这个等级，并且乡村中学女性教师在身心健康方面的素质高于乡村中学男性教师。

（6）集中连片特困地区乡村中学不同性别教师在各个维度上的均值比较如图 4-1 所示。

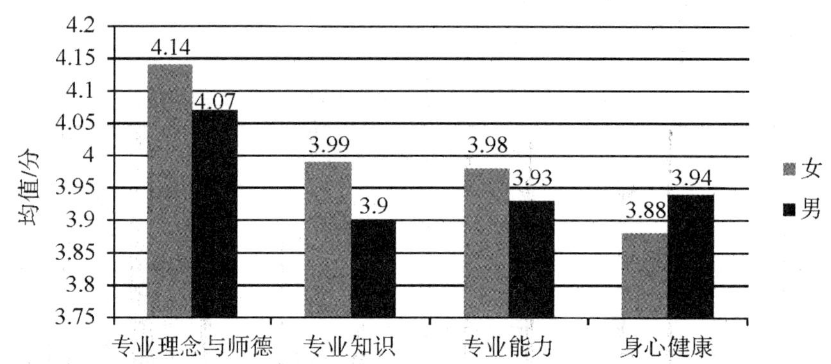

图 4-1　集中连片特困地区乡村中学不同性别教师在各个维度上的均值比较

有图 4-1 所示得出，在专业理念与师德、专业知识、专业能力三个维度上，集中连片特困地区乡村中学女性教师的得分高于集中连片特困地区乡村中学男性教师；在身心健康维度上，集中连片特困地区乡村中学男性教师的得分高于集中连片特困地区乡村中学女性教师。

2. 集中连片特困地区乡村中学不同性别教师与集中连片特困地区乡村中学教师总体之间在教师素质上的比较

（1）集中连片特困地区乡村中学不同性别教师与集中连片特困地区乡村

中学教师总体之间在教师素质总均值上的比较见表 4-34。

表 4-34　集中连片特困地区乡村中学不同性别教师与集中连片特困地区乡村中学教师总体之间在教师素质总均值上的比较

性别	乡村中学不同性别教师平均值/分	乡村中学教师总体平均值/分
男	3.94	4.01
女	4.06	

由表 4-34 可以看出，集中连片特困地区乡村中学不同性别教师与集中连片特困地区乡村中学教师总体在教师素质总均值为 3.94～4.06 分（满分为 5.00 分），其中，集中连片特困地区乡村中学女性教师与集中连片特困地区乡村中学教师总体之间在教师素质总均值达到“良”这个等级，它们之间不存在差距；而集中连片特困地区乡村中学男性教师的教师素质总均值达到“中”这个等级，因此，它们之间存在差距。

（2）集中连片特困地区乡村中学不同性别教师与集中连片特困地区乡村中学教师总体之间在专业理念与师德维度上均值的比较见表 4-35。

表 4-35　集中连片特困地区乡村中学不同性别教师与集中连片特困地区乡村中学教师总体之间在专业理念与师德维度上均值的比较

性别	乡村中学不同性别教师在专业理念与师德维度上的均值/分	乡村中学教师总体在专业理念与师德维度上的平均值/分
女	4.14	4.16
男	4.07	

由表 4-35 所示得出，集中连片特困地区乡村中学女性教师在专业理念与师德维度均值为 4.14 分（满分为 5.00 分），集中连片特困地区乡村中学教师教师总体在专业理念与师德维度上的均值为 4.16 分（满分为 5.00 分），均处于“良”这个等级，故集中连片特困地区乡村中学女教师与集中连片特困地区乡村中学教师总体之间在专业理念与师德上不存在差距。

集中连片特困地区乡村中学男性教师在专业理念与师德维度均值为 4.07 分（满分为 5.00 分），处于“良”这个等级，而集中连片特困地区乡村中学教师教师总体在专业理念与师德维度上的均值为 4.16 分（满分为 5.00 分），处于“良”这个等级，故集中连片特困地区乡村中学男教师与集中连片特困地区乡村中学教师总体之间在专业理念与师德上不存在差距。

（3）集中连片特困地区乡村中学不同性别教师与集中连片特困地区乡村中学教师总体之间在专业知识维度上均值的比较见表 4-36。

表 4-36 集中连片特困地区乡村中学不同性别教师与集中连片特困地区乡村中学教师总体之间在专业知识维度上均值的比较

性别	乡村中学不同性别教师 在专业知识维度上的均值/分	乡村中学教师总体 在专业知识维度上的均值/分
女	3.99	3.94
男	3.90	

由表 4-36 可以看出，集中连片特困地区乡村中学女性教师在专业知识维度均值为 3.99 分（满分为 5.00 分），处于“中”这个等级；集中连片特困地区乡村中学教师教师总体在专业知识维度上的均值为 3.94 分（满分为 5.00 分），也处于“中”这个等级，故它们之间在专业知识上不存在差距。

集中连片特困地区乡村中学男性教师在专业知识维度均值为 3.90 分（满分为 5.00 分），处于“中”这个等级；集中连片特困地区乡村中学教师教师总体在专业知识维度上的均值为 3.94 分（满分为 5.00 分），也处于“中”这个等级，故它们之间在专业知识上不存在差距。

（4）集中连片特困地区乡村中学不同性别教师与集中连片特困地区乡村中学教师总体之间在专业能力维度上均值的比较见表 4-37。

表 4-37 集中连片特困地区乡村中学不同性别教师与集中连片特困地区乡村中学教师总体之间在专业能力维度上均值的比较

性别	乡村中学不同性别教师 在专业能力维度上的均值/分	乡村中学教师总体 在专业能力维度上的均值/分
女	3.98	3.97
男	3.93	

由表 4-37 可以看出，集中连片特困地区乡村中学女性教师在专业能力维度均值为 3.98 分（满分为 5.00 分），处于“中”这个等级；集中连片特困地区乡村中学教师教师总体在专业能力维度上的均值为 3.97 分（满分为 5.00 分），也处于“中”这个等级，故它们之间在专业能力上不存在差距。

集中连片特困地区乡村中学男性教师在专业能力维度均值为 3.93 分（满分为 5.00 分），处于“中”这个等级；集中连片特困地区乡村中学教师教师总体在专业能力维度上的均值为3.97分（满分为5.00分），也处于“中”这个等级，故它们之间在专业能力上不存在差距。

（5）集中连片特困地区乡村中学不同性别教师与集中连片特困地区乡村中学教师总体之间在身心健康维度上均值的比较见表4-38。

表4-38 集中连片特困地区乡村中学不同性别教师与集中连片特困地区乡村中学教师总体之间在身心健康维度上均值的比较

性别	乡村中学不同性别教师在身心健康维度上的均值/分	乡村中学教师总体在身心健康维度上的均值/分
女	3.88	3.92
男	3.94	

由表4-38可以看出，集中连片特困地区乡村中学女性教师在身心健康维度均值为3.88分（满分为5.00分），处于“中”这个等级；集中连片特困地区乡村中学教师总体在身心健康维度上的均值为3.92分（满分为5.00分），也处于“中”这个等级，故他们之间在身心健康上不存在差距。

集中连片特困地区乡村中学男性教师在身心健康维度均值为3.94分（满分为5.00分），处于“中”这个等级；集中连片特困地区乡村中学教师总体在身心健康维度上的均值为3.92分（满分为5.00分），也处于“中”这个等级，故他们之间在身心健康上不存在差距。

（三）年龄维度的分析

1. 集中连片特困地区乡村中学不同年龄教师的素质比较

（1）集中连片特困地区乡村中学不同年龄教师在教师素质总均值上的比较见表4-39。

表4-39 乡村不同年龄中学教师之间在教师素质总均值上的比较

年龄	人数/人	平均值/分
30岁及以下	277	4.00
31~40岁	184	4.01
41~50岁	51	4.03
51~60岁	4	4.02

由表4-39可以看出，集中连片特困地区乡村中学不同年龄教师在教师素

质总均值上在 4.00~4.03 分（满分为 5.00 分），均处于“良”这个等级。

（2）集中连片特困地区乡村中学不同年龄教师在专业理念与师德维度上的均值比较见表 4-40。

表 4-40　乡村中学不同年龄教师之间在专业理念与师德维度上的均值比较

年龄	人数/人	平均值/分
30 岁及以下	277	4.09
31~40 岁	184	4.11
41~50 岁	51	4.12
51~60 岁	4	4.10

由表 4-40 可以看出，集中连片特困地区乡村中学不同年龄教师在专业理念与师德维度上均值在 4.09~4.12 分（满分为 5.00 分），均处于“良”这个等级，并且前三个年龄划分阶段的乡村中学教师随着年龄的增长在专业理念与师德维度上均值也有所增长，它们之间成正比例关系，而 51~60 岁这个年龄阶段的均值则会随着年龄的增长下降。

（3）集中连片特困地区乡村中学不同年龄教师在专业知识维度上的均值比较见表 4-41。

表 4-41　乡村中学不同年龄教师在专业知识维度上的均值比较

年龄	人数/人	平均值/分
30 岁及以下	277	3.93
31~40 岁	184	3.95
41~50 岁	51	3.96
51~60 岁	4	3.94

由表 4-41 可以看出，集中连片特困地区乡村中学不同年龄教师在专业知识维度上均值在 3.93~3.96 分（满分为 5.00 分），均处于“中”这个等级，并且前三个年龄划分阶段的乡村中学教师随着年龄的增长在专业知识维度上均值也有所增长，它们之间成正比例关系，而 51~60 岁这个年龄阶段的均值则随着年龄的增长下降。

（4）集中连片特困地区乡村中学不同年龄教师在专业能力维度上的均值比较见表 4-42。

表 4-42　乡村中学不同年龄教师之间在专业能力维度上的均值比较

年龄	人数/人	平均值/分
30 岁及以下	277	3. 96
31~40 岁	184	3. 98
41~50 岁	51	3. 99
51~60 岁	4	3. 97

由表 4-42 可以看出，集中连片特困地区乡村中学不同年龄教师在专业能力维度上均值在 3. 96~3. 99 分（满分为 5. 00 分），均处于“中”这个等级，并且前三个年龄划分阶段的乡村中学教师随着年龄的增长在专业知识维度上均值也有所增长，它们之间成正比例关系，而 51~60 岁这个年龄阶段的均值则随着年龄的增长下降。

（5）集中连片特困地区乡村中学不同年龄教师在身心健康维度上的均值比较见表 4-43。

表 4-43　乡村中学不同年龄教师之间在身心健康维度上的均值比较

年龄	人数/人	平均值/分
30 岁及以下	277	3. 91
31~40 岁	184	3. 94
41~50 岁	51	3. 95
51~60 岁	4	3. 90

由表 4-43 可以看出，集中连片特困地区乡村中学不同年龄教师在身心健康维度上均值在 3. 90~3. 95 分（满分为 5. 00 分），处于“中”这个等级，并且 50 岁及以下的乡村中学教师在身心健康维度上基本变化不大，而 51~60 岁的教师在身心健康维度均值有所下降。

（6）集中连片特困地区乡村中学不同年龄教师在各个维度上的均值比较如图 4-2 所示。

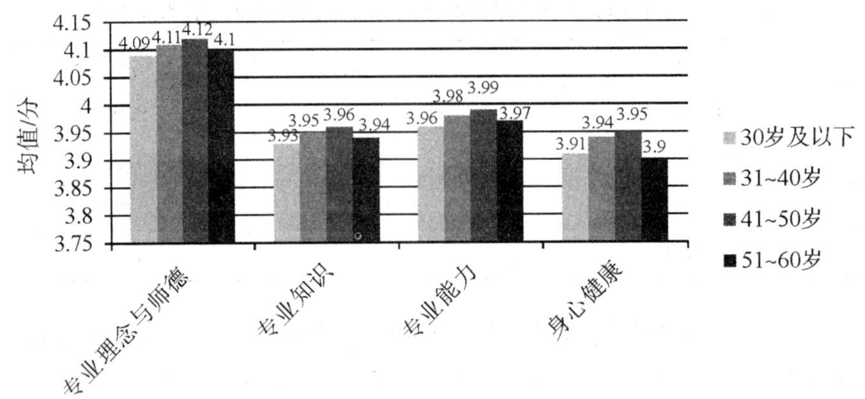

图 4-2　集中连片特困地区乡村中学不同年龄教师在各个维度上的均值比较

由图 4-2 可以看出，集中连片特困地区乡村中学不同年龄教师在专业理念与师德维度上均值处于“良”这个等级，而在专业知识、专业能力和身心健康维度上，各均值处于“中”这个等级，并且各维度均值在前三个年龄段划分上随着年龄增长而增长，成正比例关系；而各维度均值在最后一个年龄段划分上随着年龄增长而降低，成反比例关系。

2. 集中连片特困地区乡村中学不同年龄教师与集中连片特困地区乡村中学教师总体之间在教师素质上的比较

（1）集中连片特困地区乡村中学不同年龄教师与集中连片特困地区乡村中学教师总体之间在教师素质总均值上的比较见表 4-44。

表 4-44　集中连片特困地区乡村中学不同年龄教师与集中连片特困地区乡村中学教师总体之间在教师素质总均值上的比较

年龄	乡村中学不同年龄教师平均值/分	乡村中学教师总体平均值/分
30 岁及以下	4.0	4.03
31~40 岁	4.01	
41~50 岁	4.03	
51~60 岁	4.02	

由表 4-44 可以看出，集中连片特困地区乡村中学不同年龄教师与集中连片特困地区乡村中学教师总体的教师素质总均值在 4.00~4.03 分（满分为 5.00 分），均处于“良”这个等级，因此它们之间不存在差距。

（2）集中连片特困地区乡村中学不同年龄教师与集中连片特困地区乡村中学教师总体在专业理念与师德维度上均值的比较见表4-45。

表4-45 集中连片特困地区乡村中学不同年龄教师与集中连片特困地区乡村中学教师总体在专业理念与师德维度上均值的比较

年龄	乡村中学不同年龄教师在专业理念与师德维度上的均值/分	乡村中学教师总体在专业理念与师德维度上的均值/分
30岁及以下	4.09	4.16
31~40岁	4.11	
41~50岁	4.12	
51~60岁	4.10	

由表4-45可以看出，集中连片特困地区乡村中学不同年龄教师在专业理念与师德维度上的均值在4.09~4.12分（满分为5.00分），而集中连片特困地区乡村中学教师总体在专业理念与师德维度均值为4.16分（满分为5.00分），都处于“良”这个等级，故它们之间不存在差距。

（3）集中连片特困地区乡村中学不同年龄教师与集中连片特困地区乡村中学教师总体之间在专业知识维度上均值的比较见表4-46。

表4-46 集中连片特困地区乡村中学不同年龄教师与集中连片特困地区乡村中学教师总体之间在专业知识维度上均值的比较

年龄	乡村中学不同年龄教师在专业知识维度上的均值/分	乡村中学教师总体在专业知识维度上的均值/分
30岁及以下	3.93	3.94
31~40岁	3.95	
41~50岁	3.96	
51~60岁	3.94	

由表4-46所示得出，集中连片特困地区乡村中学不同年龄教师与集中连片特困地区乡村中学教师总体之间在专业知识维度上的均值在3.93~3.96分（满分为5.00分），都处于“中”这个等级，故它们之间不存在差距。

（4）集中连片特困地区乡村中学不同年龄教师与集中连片特困地区乡村中学教师总体之间在专业能力维度上均值的比较见表4-47。

表 4-47　集中连片特困地区乡村中学不同年龄教师与集中连片特困地区乡村中学教师总体之间在专业能力维度上均值的比较

年龄	乡村中学不同年龄教师在专业能力维度上的均值/分	乡村中学教师总体在专业能力维度上的均值/分
30岁及以下	3.96	3.97
31~40岁	3.98	
41~50岁	3.99	
51~60岁	3.97	

由表4-47可以看出，集中连片特困地区乡村中学不同年龄教师与集中连片特困地区乡村中学教师总体在专业能力维度上的均值在3.96~3.99分（满分为5.00分），都处于“中”这个等级，故它们之间不存在差距。

（5）集中连片特困地区乡村中学不同年龄教师与集中连片特困地区乡村中学教师总体之间在身心健康维度上均值的比较见表4-48。

表 4-48　集中连片特困地区乡村中学不同年龄教师与集中连片特困地区乡村中学教师总体之间在身心健康维度上均值的比较

年龄	乡村中学不同年龄教师在身心健康维度上的均值/分	乡村中学教师总体在身心健康维度上的均值/分
30岁及以下	3.91	3.92
31~40岁	3.94	
41~50岁	3.95	
51~60岁	3.90	

由表4-48可以看出，集中连片特困地区乡村中学不同年龄教师与集中连片特困地区乡村中学教师总体在身心健康维度上的均值在3.91~3.95分（满分为5.00分），都处于“中”这个等级，故他们之间不存在差距。

（四）教龄维度的分析

1. 集中连片特困地区乡村中学不同教龄教师的素质比较

（1）集中连片特困地区乡村中学不同教龄教师在教师素质总均值上的比较见表4-49。

表 4-49　乡村中学不同教龄教师之间在教师素质总均值上的比较

教龄	人数/人	平均值/分
1~5 年	211	3. 94
6~10 年	185	3. 97
11~15 年	86	3. 99
16 年及以上	34	3. 95

由表 4-49 可以看出，集中连片特困地区乡村中学不同教龄教师在教师素质总均值上在 3. 94~3. 99 分（满分为 5. 00 分），均处于“中”这个等级。

（2）集中连片特困地区乡村中学不同教龄教师在专业理念与师德维度上的均值比较见表 4-50。

表 4-50　乡村中学不同教龄教师在专业理念与师德维度上的均值比较

教龄	人数/人	平均值/分
1~5 年	211	4. 08
6~10 年	185	4. 10
11~15 年	86	4. 13
16 年及以上	34	4. 09

由表 4-50 可以看出，集中连片特困地区乡村中学不同教龄教师在专业理念与师德维度上均值在 4. 08~4. 13 分（满分为 5. 00 分），均处于“良”这个等级。并且，前三个教龄划分阶段的乡村中学教师随着教龄的增长在专业理念与师德维度上均值也有所增长，他们之间成正比例关系，而教龄为 16 年及以上阶段的均值反而有所下降。

（3）集中连片特困地区乡村中学不同教龄教师在专业知识维度上的均值比较见表 4-51。

表 4-51　乡村中学不同教龄教师在专业知识维度上的均值比较

教龄	人数/人	平均值/分
1~5 年	211	3. 92
6~10 年	185	3. 95
11~15 年	86	3. 97
16 年及以上	34	3. 95

由表 4-51 可以看出，集中连片特困地区乡村中学不同教龄教师在专业知

识维度上均值在3.92~3.97分（满分为5.00分），处于“中”这个等级。并且，前三个教龄划分阶段的乡村中学教师随着教龄的增长在专业知识维度上均值也有所增长，他们之间成正比例关系，而教龄为16年及以上阶段的均值反而有所下降。

（4）集中连片特困地区乡村中学不同教龄教师在专业能力维度上的均值比较见表4-52。

表4-52 乡村中学不同教龄教师之间在专业能力维度上的均值比较

教龄	人数/人	平均值/分
1~5年	211	3.91
6~10年	185	3.94
11~15年	86	3.96
16年及以上	34	3.94

由表4-52可以看出，集中连片特困地区乡村中学不同教龄教师在专业能力维度上均值在3.91~3.96分（满分为5.00分），均处于“中”这个等级。并且前三个教龄划分阶段的乡村中学教师随着教龄的增长在专业知识维度上均值也有所增长，他们之间成正比例关系，而教龄为16年及以上阶段的均值反而有所下降。

（5）集中连片特困地区乡村中学不同教龄教师在身心健康维度上的均值比较见表4-53。

表4-53 乡村中学不同教龄教师之间在身心健康维度上的均值比较

教龄	人数/人	平均值/分
1~5年	211	3.96
6~10年	185	3.94
11~15年	86	3.92
16年及以上	34	3.90

由表4-53可以看出，集中连片特困地区乡村中学不同教龄教师在身心健康维度上均值在3.84~4.04分（满分为5.00分），均处于“中”这个等级。并且集中连片特困地区乡村中学教师身心健康维度的均值随着教龄的增长而降低，它们之间成反比例关系。

（6）集中连片特困地区乡村中学不同教龄教师在各个维度上的均值比较

如图 4-3 所示。

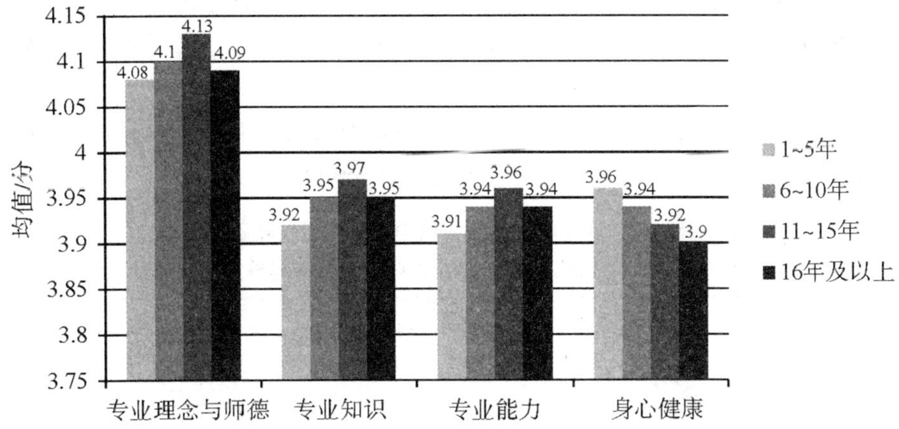

图 4-3　集中连片特困地区乡村中学不同教龄教师在各个维度上的均值比较

由图 4-3 可以看出，集中连片特困地区乡村中学不同教龄教师在专业理念与师德维度均值处于“良”这个等级，而在专业知识、专业能力、身心健康维度上，各均值处于“中”这个等级。并且，在前三个教龄划分阶段的乡村中学教师在专业知识、专业能力、身心健康维度上均值随着教龄的增长而增长，它们之间成正比例关系，而在教龄为 16 年及以上阶段的均值反而有所下降。此外，集中连片特困地区乡村中学教师身心健康维度的均值随着教龄增长而降低，他们之间成反比例关系。

2. 集中连片特困地区乡村中学不同教龄教师与集中连片特困地区乡村中学教师总体之间在教师素质上的比较

（1）集中连片特困地区乡村中学不同教龄教师与集中连片特困地区乡村中学教师总体之间在教师素质总均值上的比较见表 4-54。

表 4-54　集中连片特困地区乡村中学不同教龄教师与集中连片特困地区乡村中学教师总体之间在教师素质总均值上的比较

教龄	乡村中学不同教龄教师平均值/分	乡村中学教师总体平均值/分
1~5 年	3.94	4.01
6~10 年	3.97	
11~15 年	3.99	
16 年及以上	3.95	

由表 4-54 可以看出，集中连片特困地区乡村中学不同教龄教师的教师素质均值在 3. 94~3. 99 分（满分为 5. 00 分），处于“中”这个等级，而集中连片特困地区乡村中学教师总体在教师素质总均值达到“良”这个等级，它们之间存在一定差距。

（2）集中连片特困地区乡村中学不同教龄教师与集中连片特困地区乡村中学教师总体之间在专业理念与师德维度上均值的比较见表 3-54。

表 4-55　集中连片特困地区乡村中学不同教龄教师与集中连片特困地区乡村中学教师总体之间在专业理念与师德维度上均值的比较

教龄	乡村中学不同教龄教师在专业理念与师德维度上的均值/分	乡村中学教师总体在专业理念与师德维度上的均值/分
1~5 年	4. 08	4. 16
6~10 年	4. 10	
11~15 年	4. 13	
16 年及以上	4. 09	

由表 4-55 可以看出，集中连片特困地区乡村中学不同教龄教师在专业理念与师德维度上的总均值在 4. 08~4. 13 分（满分为 5. 00 分），而集中连片特困地区乡村中学教师总体在专业理念与师德维度均值为 4. 16 分（满分为 5. 00 分），都处于“良”这个等级，故它们之间不存在差距。

（3）集中连片特困地区乡村中学不同教龄教师与集中连片特困地区乡村中学教师总体之间在专业知识维度上均值的比较见表 4-56。

表 4-56　集中连片特困地区乡村中学不同教龄教师与集中连片特困地区乡村中学教师总体之间在专业知识维度上均值的比较

教龄	乡村中学不同教龄教师在专业知识维度上的均值/分	乡村中学教师总体在专业知识维度上的均值/分
1~5 年	3. 92	3. 94
6~10 年	3. 95	
11~15 年	3. 97	
16 年及以上	3. 95	

由表 4-56 可以看出，集中连片特困地区乡村中学不同教龄教师与集中连片特困地区乡村中学教师总体在专业知识维度上的均值在 3. 92~3. 97 分（满

分为 5. 00 分），都处于“中”这个等级，故它们之间不存在差距。

（4）集中连片特困地区乡村中学不同教龄教师与集中连片特困地区乡村中学教师总体之间在专业能力维度上均值的比较见表 4-57。

表 4-57 集中连片特困地区乡村中学不同教龄教师与集中连片特困地区乡村中学教师总体之间在专业能力维度上均值的比较

教龄	乡村中学不同教龄教师在专业能力维度上的均值/分	乡村中学教师总体在专业能力维度上的均值/分
1~5 年	3. 91	3. 97
6~10 年	3. 94	
11~15 年	3. 96	
16 年及以上	3. 94	

由表 4-57 可以看出，集中连片特困地区乡村中学不同教龄教师在专业能力维度上的均值在 3. 91~3. 96 分（满分为 5. 00 分），而集中连片特困地区乡村中学教师总体在专业能力维度均值为 3. 97 分（满分为 5. 00 分），都处于“中”这个等级，故它们之间不存在差距。

（5）集中连片特困地区乡村中学不同教龄教师与集中连片特困地区乡村中学教师总体之间在身心健康维度上均值的比较见表 4-58。

表 4-58 集中连片特困地区乡村中学不同教龄教师与集中连片特困地区乡村中学教师总体之间在身心健康维度上均值的比较

教龄	乡村中学不同教龄教师在身心健康维度上的均值/分	乡村中学教师总体在身心健康维度上的均值/分
1~5 年	3. 96	3. 92
6~10 年	3. 94	
11~15 年	3. 92	
16 年及以上	3. 90	

由表 4-58 可以看出，集中连片特困地区乡村中学不同教龄教师与集中连片特困地区乡村中学教师总体在身心健康维度上的均值在 3. 90~3. 96 分（满分为 5. 00 分），都处于“中”等级。而且集中连片特困地区乡村中学教师身心健康领域均值随着教龄增长而降低，成反比例关系。

（五）职称维度的分析

1. 集中连片特困地区乡村中学不同职称教师的素质比较

（1）集中连片特困地区乡村中学不同职称教师在教师素质总均值上的比较见表 4-59。

表 4-59　乡村中学不同职称教师在教师素质总均值上的比较

职称	人数/人	平均值/分
中学高级	8	3. 96
中学一级	224	3. 97
中学二级	257	3. 94
其他	27	3. 91

由表 4-59 可以看出，集中连片特困地区乡村中学不同职称教师之间在教师素质总均值上在 3. 91~3. 97 分（满分为 5. 00 分），均处于“中”这个等级。

（2）集中连片特困地区乡村中学不同职称教师在专业理念与师德维度上的均值比较见表 4-60。

表 4-60　乡村中学不同职称教师在专业理念与师德维度上的均值比较

职称	人数/人	平均值/分
中学高级	8	4. 17
中学一级	224	4. 16
中学二级	257	4. 13
其他	27	4. 12

由表 4-60 可以看出，集中连片特困地区乡村中学不同职称教师在专业理念与师德维度上均值在 4. 12~4. 17 分（满分为 5. 00 分），均处于“良”这个等级。

（3）集中连片特困地区乡村中学不同职称教师在专业知识维度上的均值比较见表 4-61。

表 4-61　乡村中学不同职称教师之间在专业知识维度上的均值比较

职称	人数/人	平均值/分
中学高级	8	3.96
中学一级	224	3.94
中学二级	257	3.91
其他	27	3.90

由表 4-61 可以看出，集中连片特困地区乡村中学不同职称教师在专业知识维度上均值在 3.90~3.96 分（满分为 5.00 分），均处于“中”这个等级。

（4）集中连片特困地区乡村中学不同职称教师在专业能力维度上的均值比较见表 4-62。

表 4-62　乡村中学不同职称教师在专业能力维度上的均值比较

职称	人数/人	平均值/分
中学高级	8	3.99
中学一级	224	3.98
中学二级	257	3.95
其他	27	3.93

由表 4-62 可以看出，集中连片特困地区乡村中学不同职称教师在专业能力维度上均值在 3.93~3.99 分（满分为 5.00 分），均处于“中”这个等级。

（5）集中连片特困地区乡村中学不同职称教师在身心健康维度上的均值比较见表 4-63。

表 4-63　乡村中学不同职称教师在身心健康维度上的均值比较

职称	人数/人	平均值/分
中学高级	8	3.85
中学一级	224	3.88
中学二级	257	3.91
其他	27	3.92

由表 4-63 可以看出，集中连片特困地区乡村中学不同职称教师在身心健康维度上均值在 3.85~3.92 分（满分为 5.00 分），均处于“中”这个等级。

（6）集中连片特困地区乡村中学不同职称教师在各个维度上的均值比较

如图 4-4 所示。

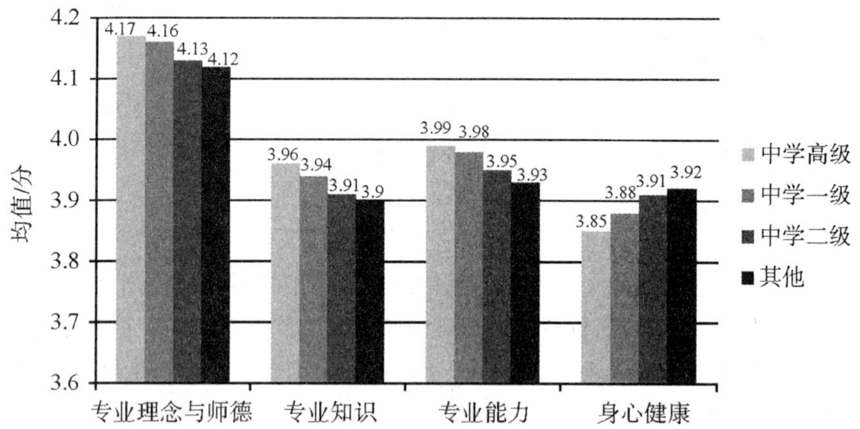

图 4-4　集中连片特困地区乡村中学不同职称教师在各个维度上的均值比较

由图 4-4 可以看出，集中连片特困地区乡村中学不同职称教师在专业理念与师德维度上均值处于“良”这个等级，而在专业知识、专业能力、身心健康维度上各均值处于“中”这个等级，而且集中连片特困地区乡村中学不同职称教师在专业理念与师德领域均值随着职称升高而增长，成正比例关系；身心健康维度均值与职称成反比例关系。

2. 集中连片特困地区乡村中学不同职称教师与集中连片特困地区乡村中学教师总体之间在教师素质上的比较

（1）集中连片特困地区乡村中学不同职称教师与集中连片特困地区乡村中学教师总体之间在教师素质总均值上的比较见表 4-64。

表 4-64　集中连片特困地区乡村中学不同职称教师与集中连片特困地区乡村中学教师总体之间在教师素质总均值上的比较

职称	乡村中学不同职称教师平均值/分	乡村中学教师总体平均值/分
中学高级	3. 96	4. 01
中学一级	3. 97	
中学二级	3. 94	
其他	3. 91	

由表 4-64 可以看出，集中连片特困地区乡村中学不同职称教师在教师素质总均值在 3. 91~3. 96 分（满分为 5. 00 分），处于“中”这个等级，而集中

连片特困地区乡村中学教师总体之间在教师素质总均值达到“良”这个等级，因此它们之间存在一定差距。

（2）集中连片特困地区乡中学不同职称教师与集中连片特困地区乡村中学教师总体之间在专业理念与师德维度上均值的比较见表4-65。

表4-65 集中连片特困地区乡村中学不同职称教师与集中连片特困地区乡村中学教师总体之间在专业理念与师德维度上均值的比较

职称	乡村中学不同职称教师在专业理念与师德维度上的均值/分	乡村中学教师总体在专业理念与师德维度上的均值/分
中学高级	4.17	4.16
中学一级	4.16	
中学二级	4.13	
其他	4.12	

由表4-65可以看出，集中连片特困地区乡村中学不同职称教师与集中连片特困地区乡村中学教师总体在专业理念与师德维度上的总均值在4.12~4.17分（满分为5.00分），都处于“良”这个等级，因此它们之间不存在差距。

（3）集中连片特困地区乡村中学不同职称教师与集中连片特困地区乡村中学教师总体之间在专业知识维度上均值的比较见表4-66。

表4-66 集中连片特困地区乡村中学不同职称教师与集中连片特困地区乡村中学教师总体之间在专业知识维度上均值的比较

职称	乡村中学不同职称教师在专业知识维度上的均值/分	乡村中学教师总体在专业知识维度上的均值/分
中学高级	3.96	3.94
中学一级	3.94	
中学二级	3.91	
其他	3.90	

由表4-66可以看出，集中连片特困地区乡村中学不同职称教师与集中连片特困地区乡村中学教师总体在专业知识维度上的均值在3.90~3.96分（满分为5.00分），都处于“中”这个等级，故它们之间不存在差距。

（4）集中连片特困地区乡村中学不同职称教师与集中连片特困地区乡村中学教师总体之间在专业能力维度上均值的比较见表4-67。

表 4-67　集中连片特困地区乡村中学不同职称教师与集中连片特困地区乡村中学教师总体之间在专业能力维度上均值的比较

职称	乡村中学不同职称教师在专业能力维度上的均值/分	乡村中学教师总体在专业能力维度上的均值/分
中学高级	3.99	3.97
中学一级	3.98	
中学二级	3.95	
其他	3.93	

由表 4-67 可以看出，集中连片特困地区乡村中学不同职称教师与集中连片特困地区乡村中学教师总体在专业能力维度上的均值在 3.93～3.99 分（满分为 5.00 分），而集中连片特困地区乡村中学教师总体在专业能力维度均值为 3.97 分（满分为 5.00 分），处于“中”这个等级，故它们之间不存在差距。

（5）集中连片特困地区乡村中学不同职称教师与集中连片特困地区乡村中学教师总体之间在身心健康维度上均值的比较见表 4-68。

表 4-68　集中连片特困地区乡村中学不同职称教师与集中连片特困地区乡村中学教师总体之间在身心健康维度上均值的比较

职称	乡村中学不同职称教师在身心健康维度上的均值/分	乡村中学教师总体在身心健康维度上的均值/分
中学高级	3.85	3.92
中学一级	3.88	
中学二级	3.91	
其他	3.92	

由表 4-68 可以看出，集中连片特困地区乡村中学不同职称教师与集中连片特困地区乡村中学教师总体在身心健康维度上的均值在 3.85～3.92 分（满分为 5.00 分），都处于“中”等级，故它们之间不存在差距。

三、主要问题

（一）集中连片特困地区乡村中学教师素质的总体水平

集中连片特困地区乡村中学教师素质总均值为 4.01 分（满分 5.00 分），

即集中连片特困地区乡村中学教师在教师素质各个维度的总均值为4.01分，处于“良”的等级水平，详细点描述就是刚接近良。

（二）集中连片特困地区乡村中学教师在各个维度的素质情况

第一，集中连片特困地区乡村中学教师在专业理念与师德、专业能力、身心健康三个维度平均值在3.92~4.16分（满分为5.00分），其中集中连片特困地区乡村中学教师素质在专业理念与师德维度达到“良”这个等级，而在专业知识、专业能力、身心健康维度的得分处于“中”这个等级，详细点描述就是中等偏上。

第二，将集中连片特困地区乡村中学教师在专业理念与师德、专业知识、专业能力、身心健康四个维度均值从高到低排序，依次是专业理念与师德、专业能力、专业知识和身心健康。

（三）集中连片特困地区乡村中学教师在各个维度中各领域的素质情况

1. 专业理念与师德维度中各领域素质情况

集中连片特困地区乡村中学教师在专业理念与师德维度中的职业理解与认识、对学生的态度与行为、教育教学的态度与行为、个人修养与行为四个领域的均值在3.98~4.26分（满分为5.00分），其中集中连片特困地区乡村中学教师在对学生的态度与行为、教育教学的态度与行为、个人修养与行为领域刚刚达到“良”这个等级，而职业理解与认识处于“中”这个等级。

将集中连片特困地区乡村中学教师在专业理念与师德维度中的职业理解与认识、对学生的态度与行为、教育教学的态度与行为、个人修养与行为四个领域均值从高到低排序，依次是个人修养与行为、教育教学的态度与行为、职业理解与认识、对学生的态度与行为。

2. 专业知识维度中各领域素质情况

集中连片特困地区乡村中学教师在专业知识维度中的教育知识、学科知识、学科教学知识、通识性知识四个领域的均值在3.89~3.98分（满分为5.00分），均处于“中”这个等级。

将集中连片特困地区乡村中学教师在专业知识维度中的教育知识、学科知识、学科教学知识、通识性知识四个领域均值从高到低排序，依次是学科知识、学科教学知识、通识性知识、教育知识。

3. 专业能力维度中各领域素质情况

集中连片特困地区乡村中学教师在专业能力维度中的教学设计、教学实施、班级管理与教育活动、教育教学评价、沟通与合作、反思与发展六个领域的均值在3.86~4.12分（满分为5.00分），其中集中连片特困地区乡村中学教师在教学设计、教学实施、班级管理与教育活动上达到“良”这个等级，而在教育教学评价、沟通与合作、反思与发展上处于“中”这个等级。

将集中连片特困地区乡村中学教师在专业能力维度中的教学设计、教学实施、班级管理与教育活动、教育教学评价、沟通与合作、反思与发展六个领域均值从高到低排序，依次是班级管理与教育活动、教学实施、教学设计、沟通与合作、教育教学评价、反思与发展。

4. 身心健康维度中各领域素质情况

集中连片特困地区乡村中学教师在身心健康维度中的身体健康、心理健康两个领域的均值在3.87~3.97分（满分为5.00分），并且都达到“良”这个等级。

将集中连片特困地区乡村中学教师在身心健康维度中的身体健康、心理健康两个领域均值从高到低排序，依次是心理健康、身体健康。

（四）集中连片特困地区乡村中学教师在各个维度的领域中各指标的素质情况

1. 单项指标均值的变化范围

在四个维度16个领域68项素质指标中各个单项的均值在3.82~4.29分（满分5.00分）。

2. 在四个维度16个领域68项素质指标中平均得分最高和最低的3项指标

（1）得分最高的3项指标：

指标19（衣着整洁得体，语言规范健康，举止文明礼貌）

指标16（乐观向上、热情开朗、有亲和力）

指标15（富有爱心、责任心、耐心和细心）

（2）得分最低的3项指标：

指标64（重视体育锻炼，能坚持有计划、有针对性地参加各种体育活动，提高身体素质）

指标63（制订专业发展规划，积极参加专业培训，不断提高自身专业素质）

指标62（针对教育教学工作中的现实需要与问题，进行探索和研究）

3. 每个维度得分最高的3个指标

（1）在专业理念与师德维度中得分最高的3个指标：

指标19（衣着整洁得体，语言规范健康，举止文明礼貌）

指16（乐观向上、热情开朗、有亲和力）

指标 15（富有爱心、责任心、耐心和细心）

（2）在专业知识维度中得分最高的 3 个指标：

指标 27（掌握所教学科内容的基本知识、基本原理与技能）

指标 30（掌握所教学科课程标准）

指标 26（理解所教学科的知识体系、基本思想与方法）

（3）在专业能力维度中得分最高的 3 个指标：

指标 47（建立良好的师生关系，帮助中学生建立良好的同伴关系）

指标 51（指导学生理想、心理、学业等多方面发展）

指标 52（有效管理和开展班级、共青团、少先队活动）

（4）在身心健康维度中得分最高的 2 个指标：

指标 67（有良好的心态，具有协调和控制情绪的能力）

指标 68（有积极、健康、合理的生活和工作习惯）

4. 每个维度得分最低的 3 个指标

（1）在专业理念与师德维度中得分最低的 3 个指标：

指标 3（认同中学教师的专业性和独特性，注重自身专业发展）

指标 5（具有团队合作精神，积极开展协作与交流）

指标 1（贯彻党和国家教育方针政策，遵守教育法律法规）

（2）在专业知识维度中得分最低的 3 个指标：

指标 25（了解中学生群体文化的特点与行为方式）

指标 23（了解中学生世界观、人生观、价值观形成的过程及教育方法）

指标 37（具有适应教学内容、教学手段和方法现代化的信息技术知识）

（3）在专业能力维度中得分最低的 3 个指标：

指标 54（利用评价工具，掌握多元评价方法，多视角、全过程评价学生发展）

指标 63（制定专业发展规划，积极参加专业培训，不断提高自身专业素质）

指标 62（针对教育教学工作中的现实需要与问题，进行探索和研究）

（4）在身心健康维度中得分最低的 2 个指标：

指标 64（重视体育锻炼，能坚持有计划、有针对性地参加各种体育活动，提供身体素质）

指标 65（有基本的医药、保健知识，能预防常见的小学教师职业病）

（五）集中连片特困地区乡村中学教师在性别、年龄、教龄、职称上的素质情况

1. 性别角度

集中连片特困地区乡村中学不同性别教师素质比较如下：

（1）集中连片特困地区乡村中学不同性别教师在教师素质总均值上在3.94~4.06分（满分为5.00分），其中集中连片特困地区乡村中学女性教师在教师素质总均值达到“良”这个等级，而集中连片特困地区乡村中学男性教师在教师素质总均值达到“中”这个等级。

（2）在专业理念与师德、专业知识、专业能力3个维度上，集中连片特困地区乡村中学女性教师的得分高于集中连片特困地区乡村中学男性教师；而在身心健康维度上，集中连片特困地区乡村中学男性教师的得分高于集中连片特困地区乡村中学女性教师。

2. 年龄角度

集中连片特困地区乡村中学不同年龄教师素质比较如下：

（1）集中连片特困地区乡村中学不同年龄教师在教师素质总均值上在4.00~4.03分（满分为5.00分），达到“良”这个等级。

（2）集中连片特困地区乡村中学不同年龄教师在专业理念与师德维度上均值处于“良”这个等级，而在专业知识、专业能力、身心健康维度上各均值处于“中”这个等级。并且，各维度均值在前三个年龄段上会随着年龄的增长而增长，它们之间成正比例关系；而各维度均值在最后一个年龄段上反而有所下降，它们之间成反比例关系。

3. 教龄角度

集中连片特困地区乡村中学不同教龄教师素质比较如下：

（1）集中连片特困地区不同教龄乡村中学教师在教师素质总均值上在3.94~3.99分（满分为5.00分），达到“中”这个等级。

（2）集中连片特困地区乡村中学不同教龄教师在专业理念与师德维度上的均值处于“良”这个等级，而在专业知识、专业能力、身心健康维度上各均值处于“中”这个等级。此外，专业知识、专业能力、身心健康维度上的均值在前三个教龄段上会随着教龄的增长而增长，它们之间成正比例关系，而这三个维度上的均值在教龄为16年及以上的阶段中反而有所下降；并且，集中连片特困地区乡村中学教师身心健康维度的均值会随着教龄的增长而降低，它们之间成反比例关系。

4. 职称角度

集中连片特困地区乡村中学不同职称教师素质比较如下：

（1）集中连片特困地区乡村中学不同职称教师在教师素质总均值上在3.91~3.97分（满分为5.00分），达到“中”这个等级。

（2）集中连片特困地区乡村中学不同职称教师在专业理念与师德维度上均值处于“良”这个等级，在专业知识、专业能力、身心健康维度上各均值处于“中”这个等级。并且，集中连片特困地区乡村中学不同职称教师在专业理念与师德维度上的均值随着职称升高而增长，它们之间成正比例关系；而身心健康维度均值与职称的升高成反比例关系。

第五章　多重阻隔：集中连片特困地区乡村教师素质提升的现实困境

乡村教师已成为乡村教育改革的生力军、城乡世界的连接者，乡村教师的素质水平直接影响乡村教育的质量和乡村学生的未来。近年来，国家出台的许多政策帮助乡村教师在专业理念与师德、专业知识、专业能力等能力素质方面有了一定的提升，但离理想目标还有较大差距。究其原因，主要是乡村教师素质提升陷入了多重困境，这些困境包括显性困境（教学困境、待遇困境、地位困境、职称困境和动力困境五大素质提升困境）和隐性困境（乡村教师的信任危机与文化困境、乡村教师专业知识不足和乡村教师缺乏专业学习）。

一、显性困境

（一）教学困境

课堂教学是教师工作的主要内容，课堂教学的效果承载着教师能力素质水平的高低和学生未来发展空间的大小。在广大乡村学校中，有不少乡村教师因教学任务繁重、“学习共同体”缺乏等困境，严重阻碍了他们进行素质提升。

1. 教学任务繁重

集中连片特困地区地处偏僻，师资的力量相对薄弱，很多乡村教师必须承担更多教育教学任务。过重的教学任务极大地占用了乡村教师的业余时间，消耗了乡村教师的日常精力，致使不少乡村教师在面对能力素质提升时心有余而力不足。

从2000年以来，乡村学生大量流失，他们不断向城市涌入，这导致乡村学校出现大规模萎缩，很多乡村学校变成了“麻雀学校”，但是也有不少乡村学校没有因此放弃而是认为自己更要向城区学校“看齐”。从笔者家乡所在镇的学校布局结构来看，全镇共有 7 所学校，其中百人以上的学校仅有 4 所。但“麻雀虽小五脏俱全”，据学校教师反映，虽然学校学生的人数少了，但是所有课程都必须开设齐全。由于乡村学校教师短缺，许多课程都是教师兼职担任，因此，很多乡村学校教师都是“包班”上课，即乡村教师需要全天“轮轴转”才能完成教学任务。调查研究表明，有的乡村学校的教师早上 7 点到校，下午 6 点放学，中午休息 2 个小时，每天要在校工作 9 小时。此外，六年级和初中部的学生还有一节一个半小时的晚自习课，这些班级的教师一天在校时长超过 10 个小时。也就是说，虽然学龄人口向城市流动使乡村学校规模不断缩小，但乡村小规模学校数量在持续增加。在规模取向的教师资源配置模式下，乡村学校特别是小规模学校教师的数量严重不足。为了保证开足、开齐国家规定的课程，维持学校的教育教学工作正常运转，乡村教师往往“身兼数职”，不仅承担着“跨年级、跨学科”的教学工作，还需要承担教务管理、营养餐管理、寄宿生管理等非教学工作。超负荷工作使乡村教师难以将时间和精力用于备课、听评课、教学反思以及各类教研活动，因此，其专业发展空间受到严重挤压。此外，由于教师是与学生家庭联系比较密切的主体，因此部分地区的乡村教师需要配合政府做一些工作，如学生家庭的参保、扶贫等工作都需要教师参与。由此可见，集中连片特困地区乡村教师的超负荷工作已是一种常态，它侵蚀着乡村教师的工作热情，使他们身心俱疲、疲于应对，在这种状态下，又何谈专业素质的提升？

2. 教师“学习共同体”缺乏

“学习共同体”是指一个由学习者及其助学者（包括教师、专家、辅导者等）共同构成的团体，他们彼此之间会经常在学习过程中进行沟通、交流，分享各种学习资源，共同完成一定的学习任务，从而在成员之间形成相互影响、相互促进的人际关系。共同体中有教师成长所需要的丰富资源，教师“学习共同体”是教师素质提升的催化剂，对教师素质提升至关重要。乡村教师在专业素质提升的过程中，需要依托由专家教研员和其他专业发展较好的同行等多元主体构成的教师“学习共同体”，让每一位成员都能在共同体中彼此关心、共同成长，获得专业素质的提升。目前，乡村学校也组建了教研组、备课组等教师“学习共同体”，但由于各方面的原因，这些学习共同体大多形同虚设，不少教师只能“单兵作战”，没有形成有效的发展共同体，难以有效地促进教师专业素质提升。此外，乡村学校还普遍存在着这样一种现象：当教师遇到不懂的问题，需要请教时，没有人能及时给予其业务指导和帮助。可见，大部分集中连片特困地区乡村教师长期处于“独学而无友”的窘境，致使他们在专业理念与师德、专业知识、专业能力等能力素质上没能得到有效提升。

（二）待遇困境

教师工资是教师生活的来源，教师工资待遇是教师全身心投入教师工作的根本保障。近年来，国家也出台了许多政策来提高乡村教师的待遇，例如《支持计划》提出：“提高乡村教师生活待遇。全面落实集中连片特困地区乡村教师生活补助政策，依据学校艰苦边远程度实行差别化的补助标准，中央财政继续给予综合奖补。”乡村教师目前的工资待遇比起七八十年代确实提高不少，但是和城市教师待遇比较起来还有很大距离。

有学者对我国西南地区乡村教师待遇进行调查显示：乡村教师月工资在2 500~3 500元的占43.4%，在1 000~2 500元的占43%，在3 500~5 000元的占10.4%，在1 000元以下的占2.3%，5 000元以上的占0.9%。同时，有的乡村教师说，一些教龄长、业绩好的乡村老师一年工资加绩效有四五万元，而刚毕业的大学生月工资不到1 000元，绩效奖金只能拿70%，条件更艰苦可收入却更低。还有许多乡村教师认为自己做得比别人多，得到的却比别人少。因此，他们认为现在当一名乡村教师并没有很强的优越感，甚至在一定程度上被认为是“没本事”“不会挣钱”的表现。

在集中连片特困地区，无论是幼儿园、小学还是中学教师的总体收入都偏低，并且相差不大，可一旦将集中连片特困地区乡村教师与县城甚至城市教师相比，这些乡村教师的收入往往是最低的，其差异性十分明显。此外，集中连片特困地区学校一般都十分偏僻，连公交车都没有，教师想要买点教辅，得先乘“摩的”到镇上然后转班车，耗时三四个小时，来回要花费数百元。可见，集中连片特困地区乡村教师的待遇相对城镇的十分窘破，经济生活压力十分大，在这种状态下，如何让他们把更多的心思放在对专业素质的提升上呢？

（三）地位困境

在乡村地区，教师一直是最重要的社会精英之一。在传统社会中，塾师教化青年，与村社耆老享有同等的社会地位，他们不仅是道德文化的承载者和传播者，在很大程度上还是乡村社会生活的组织者和日常秩序的维护者。我国自古以来便有尊师重教的传统，乡村塾师在民间享有崇高的社会地位。自中华人民共和国成立后，新式乡村小学的建立奠定了乡村教师的崇高地位。除了“文化大革命”中一个短暂的时期外，乡村教师处于基层社会精英的地位并未动摇过。

而现在中西部集中连片特困地区乡村教师群体的状况却已大不如前，他们的处境令人担忧：乡村教师收入低、教学环境差、工作压力大、生活负担重，生存条件往往十分恶劣。在很多乡村教师看来，他们这一群体已然被时代甩在了身后。30 年前，他们是乡村里的文化人，可以捧着“铁饭碗”，让人羡慕不已。如今，他们收入微薄，终日被落寞和困窘围绕。乡村教师的经济社会地位不如城区教师，这既是一种客观现实，也是乡村教师的一种心理体验。现在的乡村山区教师大多都“羞”于说自己是一名山区教师，年轻人不再愿意从事乡村教育工作，一有机会就会“逃离”岗位，转而从事其他工作。乡村教师的社会地位迅速下降，他们早已跌出乡村精英的圈外，沦为被边缘化的打工群体。乡村教师这一职业的地位落差，降低了乡村教师专业能力素质提升的积极性，致使他们在专业素质提升中缓慢前行、甚至裹足不前。

（四）职称困境

职称制度是中小学教师队伍建设的重要制度，职称是乡村教师专业素质水平的重要体现，更是乡村教师队伍建设面临的重大挑战。对此，国家也出台了一系列职称改革的政策来推动乡村教师的职称改革，例如，2015 年人力资源和社会保障部与教育部印发的《关于深化中小学教师职称制度改革的指导意见》把中小学教师职称划分为五个等级，不同等级在专业理念与师德、专业知识、专业能力等方面的要求也不同；2015 年国务院办公厅印发的《支持计划》明确指出：职称（职务）评聘向乡村学校倾斜。各地要研究完善乡村教师职称（职务）评聘条件和程序办法，实现县域内城乡学校教师岗位结构比例总体平衡，切实向乡村教师倾斜。乡村教师评聘职称（职务）时不做外语成绩（外语教师除外）、发表论文的刚性要求，坚持育人为本、德育为先，注重师德素养，注重教育教学工作业绩，注重教育教学方法，注重教育教学一线实践经历。

然而，在政策的实施过程中，高级职称比例的分配普遍存在“向城性”，即乡村学校较高级职称的分配数量和比例都远低于城市的。具体而言，在全国范围内，不同学段的高级职称教师的占比情况是：城市学校总体高于县镇中心学校，县镇中心学校总体高于乡村学校。对《中国教育统计年鉴（2015）》相关数据的分析也表明，义务教育学校中高级职称教师占教师总数的比例，呈现出从城区到县镇再到乡村的递减趋势。总体上看，全国城区、县镇和乡村（不含城乡结合部和镇乡结合部，下同）学校高级职称教师的占比分别为 10.83%、8.89%和 4.43%；从区域上看，我国东部地区城区、县镇和乡村学校高级职称教师的占比别为10.50%、9.39%和4.67%；我国中部地区城区、县镇和乡村学校高级职称教师占比分别为11.75%、8.36%和4.79%；我国西部地区城区、县镇和乡村学校高级职称教师占比分别为10.52%、8.87%和3.87%。从学段上看，全国城区、县镇和乡村初中阶段高级职称教师占比分别为22.01%、16.11%、13.35%；小学阶段为3.16%、2.77%、1.60%。高级职称名额分配的"向城性"加剧了乡村学校职称资源的稀缺。在广大乡村地区学校中，有限的职称晋升名额让很多乡村教师只能"望洋兴叹"。十几年甚至几十年职称得不到晋升的教师非常普遍，这种"僧多粥少"的职称评聘对教师队伍的内部和谐带来了极大的冲击，导致一些学校教师的人际关系紧张，有时甚至影响了教育教学活动的有效开展，非常不利于乡村教师专业能力素质的提升。

（五）动力困境

乡村教师专业素质提升需要持续不断的内在动力，有了这一内在动力，乡村教师才会在专业理念与师德、专业知识、专业能力等方面持续提升。然而，不少乡村教师缺乏这一发展的内在动力，处于职业倦怠的困境之中，他们对教师职业的认同感较低、对教师职业的倦怠感较高和对教师职业的幸福感较低。

1. 乡村教师职业的认同感低

教师职业认同感是指教师能从心底接受教师职业，并能对教师职业的各个方面做出积极的感知和正面的评价，从而愿意长期从事教师职业的主观心理感受。

一般而言，职业认同感较高的教师往往抱有良好的职业态度、积极的职业心态，能够潜心感受教育工作的内在乐趣与幸福，体会职业带来的成就感与满足感。职业认同感较高的教师会淡化对外在评判与名利的关注，增强对外来压力与诱惑的抵制，理性地应对各种冲突与矛盾，有效地预防或缓解各类消极情绪及心理问题。

受城乡一体化发展的影响，集中连片特困地区乡村教师的职业认同感普遍较低，这主要表现在集中连片特困地区乡村教师对自己的职业动机、职业情感、职业期望以及职业价值观的认识上。集中连片特困地区乡村教师在职业动机的出发点上普遍表现出"安身"，而非"立命"的偏差状态，就业形势紧张导致很多选择到集中连片特困地区从事乡村教师职业的人员一部分是被生活所迫，一部分是被理想所骗。随后，他们会寻找各种机会逃离乡村学校、逃离乡村教育。

集中连片特困地区乡村教师与城里教师相比，在职业情感上受经济收入边缘化、职业地位边缘化、社会声望边缘化的困绕，于是，他们便不愿再多做改变，选择“做一天和尚撞一天钟”。

集中连片特困地区乡村教师职业期望落差大，乡村教师在入职前大多都会对自己的职业前景有一个期望值，除了经济方面的考虑外，个人的发展也是一个重要方面。叶澜认为：职业价值观是人们对某一职业所赋予的一定看法、意义的总和，是人们对待职业的一种信念和态度。在本次调查中，我们发现有的乡村教师认为“教师是个良心活”，有的乡村教师认为“教师这份职业使我的生活有了一个基本保障”，也有乡村教师认为“乡村教师是既融不进城，又回不到乡的边缘人”。

2. 乡村教师职业的倦怠感高

乡村教师职业的倦怠是乡村教师长期受到各种压力而产生的一种身体极度疲惫、精神麻木的不良状态，它给乡村教师的身心、工作和生活带来了巨大的影响。乡村教师职业的倦怠是乡村教师素质提升的阻碍之一。集中连片特困地区乡村教师要面临教育资源的不平衡、城乡工作环境和待遇的差异以及城乡学生素质的差异等问题，随着新压力源的不断增多，教师职业倦怠的表现也越来越突出。现实中大部分乡村教师的内在动力处于“休眠”状态，需要依靠外部力量来唤醒。同时，有一个不可忽视的现象，那就是新进年轻教师在乡村工作三五年后，也会滋生出一定的职业倦怠心理。由于职业倦怠，在乡村教师中，等待成为一种常态，比如等下课、等放学、等放假、等工资、等退休的现象。

总体说来，乡村教师职业的倦怠表现如下：第一，认知动力枯竭。有的乡村教师满足于既有知识和教育教学能力，缺乏知识更新的动机与勇气，吃老本、走老路，难以适应新形势学校变革和不断变化的教育教学要求，进而对工作缺乏动力和积极性，有种得过且过、虚度光阴的心理趋向。第二，去个性化。这类乡村教师主要表现为对工作的激情已经退却，只将教师职业当成一个谋生的工具，对学生采取漠视和疏远的态度，以消极的态度对待学生，甚至将学生视为一个没有生命的机器人。第三，创造性缺失。这类乡村教师对待工作基本上是按照以往的经验行事，或者说做事完全凭感觉，缺乏前瞻性与创造性，缺乏开拓与探究意识，简单应付、敷衍塞责。第四，低成就感。有的乡村教师感觉不到工作的乐趣，似乎学生的成长与自己无关，学校的发展也与自己关系不大。工作的过程不再是愉悦与享受，而是不得不度过的艰难时光。

因为职业倦怠，乡村教师常常会浪费教师素质提升的学习机会，即使获得学习提升的机会，乡村教师也常常处于“要我提升”而非“我要提升”的心理状态。

3. 乡村教师职业的幸福感低

乡村教师职业的幸福感是伴随教师对职业、教育教学活动和从业收益的认识、评价而产生的以积极体验为主导的较稳定的情感体验。乡村教师职业的幸福感关系着教师能力素质水平和乡村教育的持续发展，能为乡村教师素质提升提供内在动力。受成长环境以及乡村教育现实条件的限制，集中连片特困地区乡村教师成了“走在幸福边缘的人”，这意味着很多乡村教师在教育教学过程中没有获得或很少获得精神满足，对自己所从事的职业没有产生或很少产生积极愉悦的情感体验，而是产生消极烦恼的情感体验，这让许多集中连片特困地区乡村教师的职业幸福感较低，最后不得不选择离开农村。在工作量大、工资和社会地位不高的现实下，乡村教师很难感受到教师职业带来的愉悦，许多乡村教师无法安心教学，他们把乡村教师这一职业看成临时岗位或“跳板”，过着“骑驴找马”的日子，随时都有可能成为飞向城市的“鸽子”。

集中连片特困地区乡村教师职业幸福感的缺失与农村教师的幸福能力、教育管理者对教师职业生命的忽视以及整个社会人文精神的缺失等深层次原因有关。总之，乡村教师职业幸福感越低，他们在工作中就越会感到枯燥无味，也就越不愿意提升自身的素质。

二、隐性困境

（一）乡村教师的信任危机

随着城镇化的发展，乡村儿童进城读书已成为一种“潮流”，据调查数据显示：有88%的乡村家长都期望送自己的孩子到县城或省城读书，希望自己的孩子在本村镇上学的村民只占12%。那么，既然国家实行了免费义务教育政策，为什么他们还要花费巨大的代价将孩子转入城市学校呢？这其中的原因除了乡村学校的设施、环境较落后外，更重要的是他们对乡村教师的能力素质已不再信任。一部分村民及学生认为选择从事乡村教师的人，都是被城里淘汰的，如果自己的孩子继续在乡镇读书是不会有好的未来的。乡村教师大多过着“苦”“累”“穷”的生活，换来的却是不再被信任。这种不信任加剧了乡村教育的滑坡，也加深了乡村教师对自己的否定，从而导致乡村教师队伍“失血”加剧。

（二）乡村教师的文化困境

在中国社会急剧变迁的背景下，乡村教师具有“孩子心灵的守护者、教育理念的传播者、新奇世界的展示者和乡村时尚的引领者”等称号，但他们在乡村社会中也面临一系列的文化困境。

1. 村落生活的“异乡人”

当前，乡村教师“乡土性”色彩逐渐淡化，成为村庄的“异乡人”。特别是集中连片特困地区乡村新入职的教师，他们从繁华的都市来到较偏远的乡村，怀着失落和难以割舍的城市情结，对乡村生活存在一种天然的排斥，言语中也时不时透露出对城市生活的羡慕。随着教师待遇的提高，农村出现了所谓的“走读教师”，他们将目光投向都市，在城里购房、生活，白天骑着摩托车或开着车到村里给孩子们上课，晚上回到城里居住，每天来往在城乡中，这些教师与乡村社区、农村孩子交流机会更加少了。受都市生活熏染的师范毕业生，因排斥乡村文化，失去了与农民交往的亲和力。“在乡村，学校是他们唯一的生活场所，校园的高墙隔开了校内与校外的生活，也隔开他们和乡村社会的情感。乡村学校只不过是他们的暂时落脚点，他们只属于学校而不属于乡村，他们的存在最多是在自己孩子的口中，而在真实的乡村社会生活中并不占据位置。”

2. 乡土文化的“陌路人”

在城乡文化差距日益扩大的背景下，有的乡村教师甚至教导农村孩子疏远自己的生活环境，这些老师把乡土知识和乡村文化看成城市文明的点缀和附属品。乡村教师是受过城市文明熏陶并留在乡村学校为乡村孩子撒播城市文明的特殊文化群体，他们以传教士的心态想要征服和改造乡土文化，这使扎根乡土社会的乡村教师反而成为乡土文化的“陌路人”。此外，有的农村教师文化的品位不足，文化生活极其匮乏。相当一部分乡村教师会将看电视和打麻将等当作娱乐活动，有的甚至会参与赌博活动；而选择体育锻炼和阅读等的文化活动的乡村教师只有很少一部分。

（三）乡村教师专业知识不足

就乡村教师而言，他们的知识正在或已经遮蔽了生命的内在冲动，疏远了生命的历史经验，脱离了生命的境遇涵养，他们的知识成了无源之水、无本之木。乡村教师知识的重要组成部分之一就是专业知识，教师专业知识的基本结构包含了本体性知识（学科内容知识）、条件性知识（教育理论知识、课程知识）、教学性知识（学科教学知识）。当前乡村教师专业知识不足表现在以下方面：

①本体性知识（学科内容知识）：学科知识不扎实，知识视野狭窄。②条件性知识（教育理论知识、课程知识）：首先教育理论知识薄弱，乡村教师对新课程的基本理念能够掌握，但对教育理论知识掌握得不好；其次科研知识匮乏，乡村教师除了教研组活动外，教师的个人研究很少，并缺乏研究指导；最后，有的乡村教师对课程知识的理解概而不全，对课程理解的也停而不前。③教学性知识（学科教学知识）：学科教学知识墨守成规，不思改变。

（四）乡村教师缺乏专业学习

1. 乡村教师学习资源匮乏，现有资源利用率低

乡村教师的学习资源是指乡村教师本人拥有的和周围环境（学校、社区等）能为教师提供的硬件学习资源以及教师对这些资源的利用情况。乡村教师要进行有效的学习，就必须有可供教师利用的各种资源的支持。由于乡村学校地理位置偏僻、经济落后，很难在乡村中小学及幼儿园所在地找到能够满足教师专业学习所需的书店、阅览室、博物馆等学习场所。学校的图书馆应该是教师学习资源比较集中的地方，但是大多乡村学校还没有自己的图书馆，虽然某些学校有一些没有阅读价值的旧书，但这除了能说明这所学校校有一间所谓的“图书室”之外，没有任何意义。教师所拥有的全部学习资源就是教材加教学参考书，由于各方面原因乡村教师较少为提高个人素质而购买书籍和资料等，仅仅靠这些是很难满足乡村教师的学习需求的。

2. 乡村教师高端学习机会缺乏

在教师学习与发展的过程中，学习机会对他们来说尤为重要，特别是作为“弱势群体”的集中连片特困地区乡村教师，他们的学习机会更需要得到关注。

而现实是高端培训资源分配的有限性，导致参加培训的基本上都是县城的教师及乡镇少数骨干教师，绝大多数乡村教师游离于高端培训体系之外，被“边缘化”。乡村教师即使参与了高端培训，但培训内容与乡村教师需求脱节，不适应农村学校实际，便也流于形式了。

第六章　集中连片特困地区乡村教师素质提升的意义及机遇

一、提升乡村教师素质的意义

乡村教师是乡村教育的核心和根本，乡村教师素质直接关系到乡村教育乃至整个乡村社会的发展。党和国家历来重视乡村教师素质提高工作，那么，为什么国家如此重视乡村教师素质建设？新时代背景下提高乡村教师素质又具有哪些重大意义呢？

（一）提高乡村教师素质是新时代人才发展的战略要求

“乡村教师”从概念上可以直观看到两层意思，一是乡村，二是教师。乡村往往表现出地域的概念，它与城市相对，与农村相应。当然也有从文化角度阐述乡村的，比如费孝通的“乡土社会”概念，因其特殊的地域特征产生了特殊的人文素养。教师一词最直观的表现是一种职业，它代表了个人在社会中的一种分工、一份职责，教师身处社会之中，必然会受到社会环境的影响，这种环境对乡村教师而言也更为明显，乡村教师所处的自然环境、人文环境与其他地域的教师截然不同，由此便产生了“乡村教师”一词。《支持计划》以官方政策文本予以确定，文件中明确提出“发展乡村教育，教师是关键，必须把乡村教师队伍建设摆在优先发展的战略地位。”自此之后的有关文件，比如国务院审议通过的《国家教育事业发展第十三个五年规划》、教育部等六部门联合印发的《教育脱贫攻坚“十三五”规划》《中共中央　国务院关于全面深化新时代教师队伍建设改革的意见》、教育部等五部门关于印发的《行动计划》等均使用“乡村教师”这一概念来取代之前“农村教师”“农村义务教育教师”等称呼，明确了乡村教师的地位和发展路径。步入中国特色社会主义新时代，我国经济社会发展呈现出新特征，党的十九大报告明确指出，我国经济由高速增长阶段转向高质量发展阶段，陈宝生部长也指出，我国教育改革进入“全面施工内部装修”阶段，为此我们必须高度重视对人力资本的投资和对教育强国的建设，同时还必须关注新时代人才发展的新趋势和新要求。乡村教师作为一个在地域与身份上比较特殊的群体，肩负着培育人才和振兴乡村的重任，其素质直接关系到我国未来人力资本状况，只有造就高素质的乡村教师队伍，才能保证在新时代背景下我国人才队伍建设稳步推进。

（二）提高乡村教师素质是振兴乡村教育的必然要求

到2020年全面建成小康社会、基本实现教育现代化，薄弱环节和短板在乡村，在中西部老少边穷岛等边远贫困地区。当前“发展乡村教育”已经成为阻止贫困现象代际传递、打好脱贫攻坚战、全面建成小康社会的关键之举。纵观我国的现实社会，尽管40多年改革开放使人民的生活水平得到了较为普遍和显著的提升，但一部分家庭和群体仍处于贫困边缘，甚至已出现贫困“代际传递”的现象。振兴和发展乡村教育是贫困地区脱贫致富的根本，是贫困人口走出贫困的根本对策。乡村教师是乡村教育的主体，因此提高乡村教师素质是振兴乡村教育的必然要求。习近平总书记曾讲过：“一个人遇到好老师是人生的幸运，一个学校拥有好老师是学校的光荣，一个民族源源不断涌现出一批又一批好老师则是民族的希望。”大力发展乡村教育事业是提高国民素质、服务经济转型升级、推进全面建成小康社会、助力脱贫攻坚的重要基础和保障。乡村教师队伍建设情况决定了我国乡村教育事业发展情况，乡村教师的素质水平又决定着我国乡村教育的发展质量。在当前深化教育体制改革和实施乡村振兴战略的背景下，乡村教师作为重要的资源和力量，对推动教育改革不仅具有先导性、基础性、全局性作用，而且其特殊性与重要性也愈发凸显。因此，发展乡村教育必须把提升乡村教师素质摆在优先发展的重要地位。乡村教师素质的提高关系到乡村教育事业的长远发展和教育教学质量与水平，必须努力提高乡村教师素质，全面提升乡村教育发展质量和效益。

（三）提高乡村教师素质是教师自身发展的内在要求

一切发展都是以人为中心的发展，对教师来说，一方面其自身需要实现自我发展，另一方面学生的发展也倒逼其加速实现自身素质的提高。提高教育质量就必须关注教师的自我发展，教育改革也要充分地考虑教师素质的提高。乡村教师的自我发展方式分为两种，即外源式和内源式。外源式的乡村教师自我发展一般是由政府或者其他社会力量有计划、有组织地对教师进行培训帮助他们提高自身素质，它源于社会要求和教育发展对教师角色与行为改善的规范、要求和期望；内源式的乡村教师自我发展则是教师的自我完善、自我学习、自我反思、自我研究、自我实现和自我超越，它源于教师自我行动的愿望、需要和追求。但无论是哪种方式，都需要乡村教师通过提高自身素质实现发展，可见，提高乡村教师素质是教师自身发展的内在要求。随着经济全球化和我国改革开放程度逐渐增强和加深，国际竞争加剧，国与国之间的竞争归根结底是人才的竞争，人才的竞争就是教育的竞争，而教育竞争的关键要素就是教师。教师如何在激烈的竞争环境中实现自身素质的提高，如何迎接科技革命带来的挑战，如何更好地教育学生，在客观上都要求其不断提高个人素质。受我国城乡二元经济结构的影响，在教育改革、互联网、大数据、人工智能等的背景下，乡村教师自身发展面临着更大的挑战，他们只有切实提高自身素质，将职业的压力转化为自身发展的动力，在自我发展中内化理念、挖掘潜能、提升自己，才能跟上时代潮流，更好地完成时代赋予教师的职责。

二、集中连片特困地区乡村教师素质提升的机遇

（一）政策支持促进乡村教师素质提升

政策是国家、政党为实现一定历史时期的任务而规定的行动准则，而教育政策是指导、规范教育实践活动的行动纲领和准则。国家十分关注乡村教育的质量提升和乡村教师的成长，并针对乡村教育和乡村教师出台了一系列政策加以规范和保障，这也为乡村教师素质提升提供了机遇。

2003 年，国务院召开了新中国成立以来首次全国农村教育工作会议，明确了农村教育的重要地位，做出了多项有利于农村教育发展的重大决策。会议做出了《国务院关于进一步加强农村教育工作的决定》，指出农村教育在全国建设小康社会中具有基础性、先导性、全面性的作用，乡村教师的素质直接影响着农村教育的质量。而《国家中长期教育改革和发展规划纲要（2010—2020 年）》（以下简称《规划纲要》）中指出："以农村教师为重点，提高中小学教师队伍整体素质。创新农村教师补充机制。"《支持计划》（明确指出："实施乡村教师支持计划，对于解决当前乡村教师队伍建设领域存在的突出问题，吸引优秀人才到乡村学校任教，稳定乡村教师队伍，带动和促进教师队伍整体水平提高，促进教育公平、推动城乡一体化建设、推进社会主义新农村建

设、实现中华民族伟大复兴的中国梦具有十分重要的意义。”《支持计划》秉持师德为先，以德化人；规模适当，结构合理；提升质量，提高待遇；改革机制，激发活力的基本原则；提出了“到 2020 年，努力造就一支素质优良、甘于奉献、扎根乡村的教师队伍，为基本实现教育现代化提供坚强有力的师资保障”的工作目标；并明确了全面提高乡村教师思想政治素质和师德水平，拓展乡村教师补充渠道，提高乡村教师生活待遇，统一城乡教职工编制标准，职称（职务）评聘向乡村学校倾斜，推动城镇优秀教师向乡村学校流动，全面提升乡村教师能力素质，建立乡村教师荣誉制度等重要举措，为乡村教师的专业发展和条件改善提供了制度保障。2018 年，中共中央国务院《关于全面深化新时代教师队伍建设改革的意见》指出：到 2035 年，教师综合素质、专业化水平和创新能力大幅提升，培养造就数以百万计的骨干教师、数以十万计的卓越教师、数以万计的教育家型教师。教育部等五部门印发的《行动计划》指出：经过 5 年左右努力，采取切实措施建强做优教师教育，推动教师教育改革发展，全面提升教师素质能力，努力建设一支高素质专业化创新型教师队伍。《行动计划》将主要措施明确为十大行动，其中之一就是乡村教师素质提高行动，该行动明确指出：各地要以集中连片特困地区（县）和国家级贫困县为重点，通过公费定向培养、到岗退费等多种方式，为乡村小学培养补充全科教师，为乡村初中培养补充“一专多能”教师，优先满足老少边穷岛等边远贫困地区教师补充需要。加大紧缺薄弱学科教师和民族地区双语教师培养力度。加强县区乡村教师专业发展支持服务体系建设，强化县级教师发展机构在培训乡村教师方面的作用。培训内容针对教育教学实际需要，注重新课标新教材和教育观念、教学方法培训，赋予乡村教师更多选择权，提升乡村教师培训实效。推进乡村教师到城镇学校跟岗学习，鼓励引导师范生到乡村学校进行教育实践。

总之，国家近年来的政策支持远不止这些。国家通过这一系列的政策为乡村教师专业发展明确了方向，突破了乡村教师专业成长的困境并有效地为乡村教师在专业理念与师德、专业知识、专业能力等能力素质提升保驾护航。

（二）培训助推乡村教师素质提升

培训是促进乡村教师专业成长的重要途径。近年来，国家正逐步完善教师培训制度，并在制度设计上促进乡村教师通过培训提升专业理念与师德、专业知识和专业能力等素质。

《规划纲要》指出：完善教师培训制度，将教师培训经费列入政府预算，对教师实行每五年一周期的全员培训。可见，培训在《规划纲要》中占有十分重要的地位。2015 年发布的《支持计划》指出：到 2020 年前，对全体乡村教师校长进行 360 学时的培训。要把乡村教师培训纳入基本公共服务体系，保障经费投入，确保乡村教师培训时间和质量。加强乡村学校音体美等师资紧缺学科教师和民族地区双语教师培训。按照乡村教师的实际需求改进培训方式，采取顶岗置换、网络研修、送教下乡、专家指导、校本研修等多种形式，增强培训的针对性和实效性。2018 年发布的《行动计划》明确指出："建立健全乡村教师成长发展的支持服务体系，高质量开展乡村教师全员培训，培训的针对性和实效性不断提高……强化县级教师发展机构在培训乡村教师方面的作用。培训内容针对教育教学实际需要，注重新课标新教材和教育观念、教学方法培训，赋予乡村教师更多选择权，提升乡村教师培训实效。推进乡村教师到城镇学校跟岗学习，鼓励引导师范生到乡村学校进行教育实践。

就培训内容而言，乡村教师的培训涉及教育教学能力、师德教育、信息技术应用、安全教育、法制教育、心理健康教育、教育科研能力、管理能力等内容，此外针对不同学段和不同地区，培训的内容也会有所侧重。比如《支持计划》中规定："全面提升乡村教师信息技术应用能力，积极利用远程教学、数字化课程等信息技术手段，破解乡村教师优质教学资源不足的难题"，就体现了当前信息技术背景下，国家对乡村教师信息技术应用能力培训的重视。

（三）经费投入保障乡村教师素质提升

经费投入是乡村教育持续发展和乡村教师素质提升的基本保障。近年来，国家加大对乡村教育经费保障的支持力度。《支持计划》指出："加强经费保障。中央财政通过相关政策和资金渠道，重点支持中西部乡村教师队伍建设。地方各级人民政府要积极调整财政支出结构，加大投入力度，大力支持乡村教师队伍建设。要把资金和投入用在乡村教师队伍建设最薄弱、最迫切需要的领域，切实用好每一笔经费，提高资金使用效益，促进教育资源均衡配置。要制定严格的经费监管制度，规范经费使用，加强经费管理，强化监督检查，坚决杜绝截留、克扣、虚报、冒领等违法违规行为的发生。"2018 年，《中共中央国务院关于全面深化新时代教师队伍建设改革的意见》明确指出："大力提升乡村教师待遇。深入实施乡村教师支持计划，关心乡村教师生活。认真落实艰苦边远地区津贴等政策，全面落实集中连片特困地区乡村教师生活补助政策，依据学校艰苦边远程度实行差别化补助，鼓励有条件的地方提高补助标准，努力惠及更多乡村教师。加强乡村教师周转宿舍建设，按规定将符合条件的教师纳入当地住房保障范围，让乡村教师住有所居。拿出务实举措，帮助乡村青年教师解决困难，关心乡村青年教师工作生活，巩固乡村青年教师队伍。”2018年印发的《行动计划》也明确指出：“加强经费保障……幼儿园、中小学和中等职业学校按照年度公用经费预算总额的5%安排教师培训经费。”这些教育经费保障制度使发展乡村教育所需要的资金源源不断地流向乡村教育和乡村学校，从而改善了乡村教育的条件，促进了乡村教师的发展。除此之外，国家还提出了乡村教师生活补助政策，这也有效促进了乡村教育的发展，保障了乡村教师素质的提升。据教育部教师工作司2018年对乡村教师生活补助实施情况显示：在补助覆盖范围方面，截至2018年年底，中西部22个省份725个集中连片特困地区县中，有724个县实施了乡村教师生活补助政策，覆盖8.21万所乡村学校，受益教师有127.21万人。其中，包括189个“三区三州”县和143个“三区三州”以外深度贫困县，受益教师分别为18.79万人和31.83万人。资金投入方面，2017年，各地连片特困地区县投入资金49.20亿元；2018年，中央财政根据各地实施情况共拨付资金45.10亿元，占各地投入的91.67%。2018年，各地共投入补助资金49.43亿元，其中“三区三州”县及以外深度贫困县分别投入资金5.65亿元和12.88亿元。云南、甘肃、贵州、湖南和河南分别投入8.59亿元、5.03亿元、4.64亿元、4.42亿元和3.50亿元，五省投入资金总额占各省投入资金总量的52.96%。新疆受益教师数量增幅较大，资金投入也有较大增长。在补助额度方面，2018年，集中连片特困地区乡村教师生活补助人均月补助额为324元，与2017年相比大体持平，略有增加。其中，人均月补助额在400元以上的省份有7个，分别是湖南、四川、云南、陕西、青海、宁夏、新疆生产建设兵团；人均月补助额为300~400元的省份有7个，分别是山西、内蒙古、吉林、江西、湖北、重庆、甘肃；人均月补助额为200~300元的省份有7个，分别是河北、黑龙江、安徽、河南、广西、贵州、西藏；1个省份（新疆）低于200元。充足且持续的经费保障为乡村教师素质提升提供了重要支撑，确保了乡村教师素质提升的稳定性和长效性。由此可见乡村教师素质提升正面临前所未有的发展机遇。

第七章 集中连片特困地区乡村教师素质提升的路径及支持服务体系

一、乡村教师能力素质提升的“认知、认同、实践”路径

促进乡村教师能力素质提升，提高乡村教育教学质量必须在深入分析农村地区的教育特点的基础上，去了解农村地区的经济、文化、地域情况，积极探索适合的路径。乡村教师能力素质提升的路径应是嵌入乡村教师日常工作生活的：认同路径、认知路径和实践路径。该路径对应教师专业标准的三个维度，并且彼此之间相互协调和相互促进。

（一）“认知”内化为情感“认同”

1. “认知”是“认同”的前阶段

认知是人们获得、加工、应用知识的基本心理过程，具体而言，它经过了感觉—知觉—记忆—想象—思维以及产生语言的过程。换言之，人们对自身所接受事物概念的形成与判断的过程就是认知的过程，它是认同的前阶段。认知的实质就是通过有效的方式获得最合理的专业知识的过程，并使这个过程像吃饭、呼吸一样，完全融入乡村教师的工作和生活中，在实践中理解、领悟、发展。

2. “认知”引导“认同”的方向

当一种理论上升到社会共识层面的时候，就产生了社会认同。因此，它对社会成员的思想具有凝聚及整合以形成精神支撑和价值导向的作用。乡村教师群体对教师能力素质（教师专业标准）的情感认同是建立在对其理论认知的

基础上的，调动乡村教师群体的非理性因素，如饱满的教育热情、坚定的教育信念等，激发其积极向上的态度是增强其认同度的重要条件。教师能力素质（教师专业标准）的“认知”与“认同”是认识阶段的两个具体环节，二者前后相继，互相促进。只有将“认知”内化为情感“认同”，教师能力素质（教师专业标准）才能在乡村教师群体的内心形成一种强大的约束力量，促进乡村教师群体达成价值观共识，化情为行。

（二）“认同”外化为实践行动

1. “认同”是实践的基础

认同是指认可与模仿他人或团体之态度行为，使其成为个人人格一部分的心路历程，亦可解释为认可、赞同。认同是乡村教师在自己的教学中，能够以专业理念与师德维度的标准规范自己的行为，并认可与接受教师应具有的信念、尺度和原则，能将其自觉内化为自己的工作价值取向。教师能力素质（教师专业标准）需要接受实践的检验，只有被教师群体真正认同之后，才会变成能够指导行动的巨大力量。教师的认同外化为实践活动，也是检验其是否真正为社会所适应的必然过程。

2. 引导自发“认同”向自觉实践的过渡

“自发”与“自觉”是两种不同的心理状态，其呈现出来的自发活动和自觉活动也是两种不同的行为状态。“自发”停留在前意识阶段，是一种停留在表面、现象甚至是错觉的阶段，这种状态具有很大的盲目性和盲动性，因此，自发活动的可控性不强。“自觉”是由自觉意识影响和支配的，它超越了自发意识的盲动，是透过现象看本质的过程，自觉活动要求更为科学、可控。师德为先、学生为本、能力为重、终身学习是教师能力素质（教师专业标准）实践的必要条件。只有突出师德的首要性、学生的主体性、能力的重要性、终身学习的时代性，教师能力素质（教师专业标准）才显示出其真正的意义。

（三）实践检验“认知”和“认同”

1. “认知”和“认同”源于实践

作为“认识”过程的第三阶段，教师能力素质（教师专业标准）的最终归宿是实践，它是形成“认知”和“认同”的基础。实践是人类社会生存和发展的基础，是一切社会物质和精神现象的根据，是形成一切社会关系的良好地基，能有效驱动社会的发展。因此，实践决定着“认识”，具体说来，实践是乡村教师将专业理念和专业知识嵌入工作生活的最终落脚点。因此，乡村教师能力素质提升要关注教师的实践过程，那么课堂就应该始终成为教育者关注的核心，这也是教师专业发展的根本。

2. 实践是检验“认知”和“认同”的衡量仪

马克思主义哲学认为，实践是检验真理的唯一标准，因此，教师能力素质（教师专业标准）是否在教师群体中得到广泛的认同，除了教育调研之外，一个很好的途径就是让教师群体自行去实践、去检验，让他们自己得出结论，自身去印证。在“认知—认同—实践”的机制过程中，教师对其能力素质（教师专业标准）的“认知”引导“认同”进一步深化，而“认同”又促进教师群体的实践，教师群体对教师能力素质（教师专业标准）的实践能够进一步推动教师群体“认识”的深化。

二、乡村教师素质提升的支持体系构建

目前，乡村教师素质提升需要直面三个问题：一是“能不能提升”，对应的是教师提升的外部推力问题，这关系教师素质提升的条件创设；二是“怎么样提升”，对应的是教师素质提升的切实需求问题，这关系教师教育的体系构建；三是“想不想提升”，对应的是教师素质提升的内生动力问题，这关系正向激励的微观环境。

（一）加强顶层设计，提供系统的外源性支持

“顶层设计”源于工程学术语，是指运用系统论的方法，从全局角度，对某项任务或某个项目的各方面、各层次、各要素统筹规划，以集中有效资源，高效快捷地实现目标。乡村教师素质提升同样需要顶层设计。良好的发展环境是促进教师素质提升的必要条件。为此，应做好乡村教师素质提升的顶层设计，积极搭建乡村教师素质提升的平台，为乡村教师素质提升创设有利条件。

1. 建立常态化乡村教师轮训制度及培训经费保障制度

培训是提高农村教师队伍整体素质的重要举措，是提升在职农村教师业务水平的主要途径，培训在提升农村教师素质中的地位具有不可替代性，是又好又快地提升农村教师素质的重要保障。乡村教师定期参加外出培训不仅能够在短时间内查漏补缺，为乡村教师“补钙”和“充电”以提升其专业素养，也有助于其交流分享经验、拓宽教育视野。为了保证乡村教师能够有机会外出参加“高端研修”，学校可依据轮训时间和轮训周期设置一定的比例来安排，使

部分教师能够从教学岗位上替换下来定期参加培训。县级教育行政部门应积极联合地方师范院校，建立“流动师资储备库”，统筹调配教师资源，使优秀师范生以顶岗实习的方式定期顶岗补充到师资紧缺的岗位，为乡村教师外出培训创造有利条件。此外，政府及教育主管部门要进一步加大对乡村教师培训的经费投入力度。实施乡村教师培训经费单列制度，使乡村教师外出培训的差旅费用能够实报实销，解决其外出培训的后顾之忧。

2. 构建“四位一体”等多元化乡村教师素质提升模式

乡村教师素质提升不应局限于“以城促乡”“以优扶弱”“送教下乡”的单向模式，而应逐步探索多方联动、同享共进的多元模式。因此，构建高等学校、县级教育行政部门、县级教研培训机构、乡村学校等“四位一体”乡村教师素质提升模式有助于为乡村教师营造良好的教育科研、教学研究和教师培训环境，促进乡村教师素质提升。“四位一体”的乡村教师素质提升模式的运行机制新格局，是由高校业务指导、县级教育行政部门管理、县级研培机构实施、乡村学校保障，各单位分级负责，共同实施的。高校业务指导，就是由高校负责乡村教师的培训总体设计和集中研修（含专题学习和跟岗研修），审核项目县（区）制订的“返岗实践”活动方案，并在集中研修和“送教下乡”中对乡村教师进行业务指导。县级教育行政部门管理，就是乡村教师的发展要在县级教育行政部门的统一组织、管理、控制下进行。县级研培机构实施，就是乡村教师在高校参加完集中研修后，回到当地由县级科研培机构组织、实施在当地进行的“返岗实践”活动。乡村学校保障，就是乡村学校为乡村教师发展创造文化环境、搭建发展平台，为乡村教师发展提供资源与机会，从制度、文化建设上保障乡村教师在教育教学实践中的发展。分级负责，就是高校、县级教育行政部门、县级研培机构、乡村学校按照各自的职责与工作侧重分别负责乡村教师的发展工作。共同实施，就是以省为单位统一部署、统一决策、分级负责、分层实施。

除此之外，相关部门还可以构建“专家引领”“同伴互助”等多元化模式，联合相关主体成立乡村教师素质提升指导团队，定期走访乡村学校解答教师发展面临的问题，总结推广优秀乡村教师发展的经验。同时，积极推动学区构建乡村教师发展共同体，定期开展乡村教师研讨会、交流会，组织乡村教师外派学习交流，推动实现校际资源共享。

3. 提供乡村教师发展的资源保障及环境支持

资源是乡村教师能力素质提升不可或缺的要素，这种资源主要是指乡村教师对工作学习资源与乡村教学资源的利用。就目前来说，乡村教师的学习资源相对稀少，因此，相关部门要为其能力素质提升提供必要的资源支持，并且这种资源要实用有效、均衡普惠，保证每名教师都能享受到，特别是那些有价值的课程资源，比如实训系统课程资源库，以满足乡村教师工作学习的需求。此外，要引导乡村教师充分利用本地资源，依托“互联网+教育”资源促进乡村教师素质提升。

乡村教师能力素质提升不能脱离乡村的文化氛围，不能脱离乡村教育发展脉络，更不能脱离乡村教师的日常生活；否则，提升行动就会虚化。所有的教师都认同成长环境的重要性，哪怕是在一些很小的方面改变乡村教师所处的环境，也会在短期内让他们具有新的表现。因此，相关部门要创造对乡村教师具有良好成长环境的机制。在制定乡村教师能力素质提升策略时要充分理解乡村教师作为普通人，长期面临收入低、工作压力大及发展机会少的困境，因此，不能脱离乡村教师的实际工作状况空谈他们的专业性，要为乡村教师提供个性化的专业支持。

4. 构建乡村教师学习时间保障机制

首先，我们可以通过行政立法来保障乡村教师的学习时间。只有给予足够的时间去学习，教师才有可能充分享有学习的自主权，充分发挥自身的创造性，才会有心思去提升自身的素质。国家教育部门通过行政立法来对教师的学习提供强有力的保障，建立有利于教师学习的法规政策，用法律的形式强制规定教师的学习时间。让教师的学习有法可依、有规可循，是保障教师学习时间的基础和前提。其次，乡村教师自身要学会管理和合理利用时间。鲁迅先生说过“时间，就像海绵里的水，只要愿挤，总还是有的。”对乡村教师来说，学习时间并不是缺乏，而是他们自己有没有好好地将时间利用起来。从表面看来，乡村教师每天忙得像“陀螺”一样，但是仔细分析，他们其实每天都在做重复、低效的工作。因此，乡村教师应该树立科学管理与利用时间的理念，学会利用自身的优势，主动把握自己的发展。

（二）定位发展需求，构建适宜的教师教育体系

建立切合乡村教师实际发展需求的培训体系，是实现乡村教师素质“能提升”和“提升好”的关键。基于发展中国家的实践经验研究也表明，以需求为本的、本土化的支持体系，有助于形成当地教师和教育者对支持体系的主人翁意识，更能让他们积极投入其中，实现主动发展。从我国乡村教师素质提升发展情况来看，构建适宜乡村教师发展的系统性支持应从以下几方面着手。

1. 改革职前培养

职前培养是乡村教师素质发展过程中的重要一环，高质量的职前培养能为教师未来发展奠定坚实的基础。随着高等教育大众化和教育的转型，乡村教师职前培养出现了一系列的问题，主要表现在：职前培养层面存在着离“农”的偏向，教师职前培养与实践脱离、与农村疏远；学生就业层面存在着忘“农”的倾向，主要体现在：第一，部分师范生对农村和农村教育缺少感情；第二，由于农村工作、生活条件艰苦，工作压力大，薪资待遇低，因此很多师范毕业生不愿到农村任教，主动放弃教育工作，一心向往大城市。当前，深化教师教育改革是为农村学校培养和补充优质师资的重中之重。首先应该改革课程设置。有学者认为乡村教师尤其需要掌握乡村教育教学规律，了解乡村学生的特点，掌握适合乡村学校实际的教育教学方法和乡村教育管理和研究的能力，因此师范院校应该加大教师教育课程设置，凸显教师职业特色，以适应乡村教育的需要。其次应该改革教学内容。要在保证学科教育背景的前提下，面向农村教育，加强农村教育教学管理、新农村建设与乡村教育、农村教育案例研究等内容，编写具有地方特色的校本教材，增设有关农村教育的选修课程。最后应该改革和加强教育实践。教育实践是教师培养的重要一环，应贯穿教师培养的全过程。要通过教育实践（教育兼实习、顶岗实习、实习支教等多种形式），让师范生感受农村生活，体验农村教育，熟悉农村学生，加深他们对农村教育和农村儿童的感情。

2. 适切的职后培训

当前，乡村学校正面临班级规模缩小、留守儿童增多和信息化程度增强等变化，高质量的在职培训应能有效回应这些变化，解决乡村教师在日常教育教学实践中产生的困惑。因此，相关部门应精准定位乡村教师实际需求，在培训目标上必须按照《教师专业标准》要求来设定，使教师通过教师教育（培训）达到国家提出的专业标准；在培训对象上，应将重点放在促进大多数乡村教师素质提升上；在培训内容上，应安排专门针对小班化教学、留守儿童关爱和多媒体教学等培训内容，并通过设置多种课程满足乡村教师的差异化和多样化需求；在培训形式上，可通过跟岗实习、名师讲座、导师制、示范观摩课、教学经验共享工作坊等多种形式为乡村教师发展提供多样化和个性化的指导。对于偏远地区的乡村教师，相关部门应充分考虑地理条件、交通路况等因素，为其提供更为便捷、公平和有效的培训服务，实现乡村教师培训的就近就地、常态化培训。为了及时监测培训效果，相关部门应加强后续跟踪指导，并根据教师学习效果和反馈意见及时调整培训内容和培训形式。

（三）强化正向激励，创建积极的提升环境

作为乡村教师素质提升的源头力量，内生性动力在很大程度上决定了教师素质提升的意愿、效率和效果。为此，相关部门应创建积极的乡村教师微观提升环境，激励教师增强自我成长的意识，促进其主动提丌素质。

1. 激发乡村教师对教育的忠诚与热爱

国家特级教师斯霞曾说："工人不爱机器怎能做好工？农民不爱土地怎能种好地？老师不爱学生怎能教好学生？"的确，热爱乡村学生、忠诚党的教育事业是乡村教师做好教育工作的前提条件，也是乡村教师素质提升的内在动力。那么，乡村教师该如何激发这种内生动力呢？首先，需要培育乡村教师对乡村教育事业的忠诚度。帮助乡村教师树立社会主义教育理想以及制定乡村教师职业发展规划，为乡村教师提供高端的培训机会，让乡村教师感受到从事乡村教育的美好前景。其次，激发乡村教师的学习意识，乡村教师要学而不厌、重视学习，要乐学、会学，坚持不懈地提高自身的专业素质。乡村教师需要注重"终身学习""合作学习""实践学习""电子学习"，不断给自身"充电"和"补钙"。

2. 开展多元合作活动，营造共进工作氛围

共进文化是教师个体发展的催化剂，组织合作活动有利于形成共进文化。学校可以组织教研互助活动，以"研"促教。通过以老带新、课程研讨、听评课、说课比赛等方式在学校内部或学校之间开展以学科为基础单元的教研活动，让教师共同探讨学习，使教师之间形成友好的同伴关系和互相学习的工作氛围，带动教师共同发展和进步。

3. 提高乡村教师待遇

乡村教师能力素质提升的最直接、有效的保障，就是提高乡村教师的待遇，具体包括两个方面：一是提高乡村教师工资水平，二是享受与城市教师同等的社会保障待遇。因此，应落实完善城乡一致的工资、各项津贴补助标准，并使之高于当地城镇的平均水平，解除乡村教师工作和生活上的后顾之忧。提高乡村教师生活待遇不能停留在文件上，要定向施策，让乡村教师坚守得安心，改变乡村教师队伍单向"上调"的流向，形成良性循环，乡村教师队伍的建设与能力素质提丌才能实现。

4. 健全评价晋升制度，强化教师工作实效

教师职称评定的条件就是一个"筐"，里面装有教师的年龄、工作年限、工作态度、道德品质、外语水平、计算机水平、论文发表数量等，并且某些东

西仍会逐渐被塞进来。乡村教师在职称评定、评先评优中处于弱势，这严重影响了他们的工作积极性。为此，应健全考核评价体系，鼓励多方评价主体共同参与，保证评价的公正性与全面性；增加乡村教师绩效评估的过程性指标，以“增量”方式考量教师的实质付出，保证评价的合理性和科学性。同时，要遵循公正公开、标准科学、过程规范的原则，制定适宜乡村教师发展的职称晋升制度。加大中高级职称向乡村学校倾斜的力度，同时增加梯度，使不同年龄段的教师均有晋升空间。

参考文献

蔡其勇，2020. 新时代乡村教师学习共同体建构策略［J］. 中国教育学刊（2）：83-86.

陈云英，1994. 我省中学教师素质现状的调查与分析［J］. 广东教育学院学报（1）：1-7.

辞源，2013［Z］. 3版，北京：商务印书局：224.

崔艳芳，2017. 贵州农村教师职业发展的影响因素及提升策略研究［D］. 贵阳：贵州大学.

戴斌荣，2018. 乡村卓越教师的培养［M］. 北京：北京师范大学出版社：29-156.

党志平，2016. 农村薄弱学校教师队伍整体素质提升研究［J］. 教学与管理（4）：59-62.

邓泽军，2013. 中国西部农村教师专业化发展策论［M］. 成都：四川大学出版社：66-105.

段鑫玺，2016. 乡村小学教师的学习：现状、问题与对策：来自长沙县黄兴镇的调查［D］. 湘潭：湖南科技大学.

冯志亮，2000. 教师素质与素质教育［J］. 郑州大学学报（社会科学版）（4）：60-62.

高小强，2009. 乡村教师的文化困境与出路［J］. 教育发展研究（20）：53-55.

龚宝成，2019. 乡村教师专业发展困境与疏解：地方性知识的视角［J］. 课程. 教材. 教法（3）：126-130.

胡艳，刘东敏，刘永明，2000. 关于影响中小学教师基本素质因素的探讨及其素质内涵的理解［J］. 高等师范教育研究（11）：50-57.

黄坤明，2009. 城乡一体化路径演进研究：民本自发与政府自觉［M］. 北京：科学出版社，18.

黄侨明，2015. 实现四个转变全面提升乡村教师素质［J］. 中小学教师培训（8）：5-7.

黄润榕，2014. 小学教师专业质量标准研究［D］. 西安：陕西师范大学.

蹇世琼，2017. 坚守还是离开?：特岗教师职业认同现状的调查研究［J］. 中小学教师培训（7）：18-21.

教育部教师工作司组编，2013. 小学教师专业标准解读［M］. 北京：北京师范大学出版集团：134-139.

教育部教师工作司组编，2013. 幼儿园教师专业标准解读［M］. 北京：北京师范大学出版集团：151-156.

教育部教师工作司组编，2013. 中学教师专业标准解读［M］. 北京：北京师范大学出版集团：169-173.

经柏龙，2008. 教师专业素质的形成与发展研究［D］. 长春：东北师范大学.

亢锦，2006. 农村中小学教师素质问题研究：以襄樊市为例［D］. 武汉：华中师范大学.

雷万鹏，2016. 提升教师素质是农村教育发展抓手［J］. 辽宁教育（3）：39-40.

李红婷，2010. “半耕时代”乡村教育发展的困境与出路：以湖南大金村为例［J］. 民族教育研究（1）：24-29.

李坚. 教师职称评定条件成了个“售”［N］. 中国青年报，2002-1-29.

李金进，2017. 中国乡村教师职前培养研究［M］. 厦门：厦门大学出版社：131-198.

李玲银，2016. 中学青年教师专业素质及研究［D］. 西安：陕西师范大学.

李向亮，2015. 农村教师职业倦怠及应对［D］. 济南：山东师范大学.

李孝川，2012. 社会转型期民族农村地区教师压力研究：以云南省寻甸回族彝族自治县六哨乡为个案［M］. 北京：人民出版社：67-125.

李云，2009. 中小学教师素质存在的问题及对策研究：一个家长的视野［D］. 济南：山东师范大学.

李长吉，2019. 农村教师的地方性知识研究［M］. 徐州：中国矿业大学出版社：34-121.

林崇德，1996. 教师素质的构成及其培养途径［J］. 中国教育学刊（6）：16-22.

刘东风，2009. 农村教师的素质提升［M］. 陕西：陕西师范大学出版社：5-101.

刘华锦，2018. 乡村教师专业成长的实践探索［M］. 北京：人民出版社：88-107.

刘慧琴，2019. ERG理论视角下新生代乡村教师职业幸福感提升路径［J］. 基础教育参考（4）：17-20.

刘计育，2010. 农村中小学教师专业素质结构研究［D］. 苏州：苏州大学.

刘佳，2017. "乡村教师支持计划"实施方案研究［J］. 教师教育研究（5）：100-107.

刘荣秀，2006. 走在幸福的边缘：农村教师职业幸福感状况的质性研究［D］. 长沙：湖南师范大学.

刘胜男，2017. 新生代乡村教师缘何离职：组织嵌入理论视角的阐释［J］. 教育发展研究（22）：78-83.

刘婉桐，2019. 城乡一体化背景下乡村教师群体职业认同的质性研究［D］. 锦州：渤海大学.

刘文华，2017. 现实与跨越：甘肃农村教师生活境况的调查研究［M］. 成都：西南交通大学出版社：43-96.

刘须干，2016. 中美小学教师专业标准比较研究［D］. 重庆：重庆师范大学.

刘雪飞，2018. 农村教师职业倦怠的成因分析与对策研究［J］. 湖南第一师范学院学报（6）：76-79.

刘勇，2009. 对农村教师缺乏与素质提升的多维探讨［J］. 教育与教学研究（10）：1-4.

刘勇，2009. 对农村教师缺乏与素质提升的多维探讨［J］. 教育与教学研究（10）：1-4.

刘自成，2017. 深入学习贯彻党的十九大精神加快建设教育强国［J］. 教育研究，38（12）：8.

柳谦，2018. 漂泊的"师者"：乡村教师社会角色的田野研究：以河南省G小学为例［J］. 上海教育科研（10）：51-56.

庞丽娟，2019. 乡村教师职称评聘的困境、影响与政策应对［J］. 教师教育研究（1）：31-36.

裴生辉，2017. 乡村教师专业能力现状的调查研究：以Q市G县为例

[D]. 哈尔滨：黑龙江大学.

彭冬萍，曾素林，刘璐，2108. 乡村教师荣誉制度实施状况调查研究［J］. 当代教育科学（2）：34-37.

彭江，2007. 我国农村中小学初任教师素质问题研究：以武胜县为例［D］. 重庆：西南大学.

秦磊，2016. 农村特级教师成长规律研究［M］. 北京：教育科学出版社：156-234.

秦玉友，2008. 农村教师素质提升的现实困境与破解思路［J］. 教育研究（3）：35-37.

容中逵，2019. 新时代乡村教师发展的逻辑起点［J］. 教育发展研究（10）：3.

申卫革，2016. 乡村教师文化自觉的缺失与建构［J］. 教育发展研究（22）：47-52.

沈茂英，2015. 连片特困地区扶贫问题研究综述与研究重点展望［J］. 四川林勘设计（1）：1-7.

史志乐，2019. 乡村教师素质提高的政策审视与路径探析［J］. 教师教育研究（3）：31-38.

斯霞，2010. 斯霞文集［M］. 南京：江苏教育出版社：231-235.

孙卫红，2012. 论乡村小学教师合作文化的缺失与建构［D］. 南京：南京师范大学.

孙兴华，马云鹏，2015. 乡村教师能力素质提升的检视与思考［J］. 教育研究（5）：105-113.

唐松林，2005. 中国农村教师发展研究［M］. 杭州：浙江大学出版社：4-178.

唐松林，2014. 知识的生命意蕴：兼论乡村教师的知识困境［J］. 教育发展研究（8）：78-84.

唐志强，2014. 小学教师专业发展与职业幸福感的关系［J］. 现代教育科学（6）：45-47.

陶本一，2015. 我国教师专业素质研究报告［M］. 北京：北京大学出版社：88-235.

田恒平，2016. 乡村教师培养与补充的现实路径思考［J］. 教师教育研究（3）：30-35.

汪明帅，2016. 从“边缘人”走向“传承者”：回归乡土的乡村教师发展研究［J］. 教育发展研究（8）：13-19.

王成龙，2016. 新生代乡村教师的文化困境与职业选择［J］. 青年探索（1）：84-89.

王红，2019. 政策精准性视角下乡村青年教师激励的双重约束及改进［J］. 教师教育研究（4）：47-52.

王慧，2008. 农村中小学教师素质的现状、问题及对策研究：以积石山县为个案［D］. 兰州：西北师范大学.

王嘉毅，2011. 多维视角中的农村教师［M］. 北京：北京师范大学出版社：56-79.

王俭，2010. 培训：又快又好地提升农村教师素质的重要保障［J］. 教育发展研究（3）：58-60.

王小占，2017.《中国教育报》乡村教师报道及形象建构研究［D］. 武汉：华中师范大学.

王英姿，2010. 论我国农村基础教育教师队伍存在的问题及对策［J］. 重庆科技学院报（3）：154-156.

王振宇，2019. 我国乡村教师职业倦怠研究的10年：回顾与展望［J］. 现代教育科学（11）：151-156.

邬志辉，2008. "离农"抑或"为农"：农村教育价值选择的悖论及消解［J］. 教育发展研究（Z1）：52-57.

向静，2018. 当代乡村教师职业支持的现状及优化［D］. 重庆：西南大学.

肖正德，2011. 城镇化进程中乡村教师生存境遇与改善策略［J］. 中国教育学刊（8）：3.

肖正德，2014. 农村教师的发展状况和保障机制研究［M］. 杭州：浙江大学出版社：134-211.

谢凡，2011. 关心关爱农村教师，着力提升教师素质［J］. 中国农村教育（9）：10-12.

谢丽丽，2016. 教师"逃离"：农村教育的困境：从G县乡村教师考警察说起［J］. 教师教育研究（4）：71-76.

谢丽丽，2016. 教师"逃离"：农村教育的困境：从G县乡村教师考警察说起［J］. 教师教育研究（4）：71-76.

谢延龙，2010. 走出幻象：提升农村教师素质的战略选择与出路［J］. 阅江学刊（4）：73-77.

谢余清，2008. 浙江省“农村中小学教师素质提升工程”实效性调查研究［J］. 教师教育研究（3）：60-65.

谢宇，2015. 素质教育背景下陕北农村中小学教师素质现状与对策研究［D］. 延安：延安大学.

熊华夏，2018. 新时代乡村教师职业理想构建［J］. 中国教育学刊（11）：104.

徐代珍，2011. 湖南省边远农村中教师素质提升的现状与对策研究：基于利益相关者的法分析［D］. 湘潭：湖南科技大学.

薛军，2015. 河南省B县农村教师队伍素质调查［D］. 武汉：华中师范大学.

严惠玲，2015. 以“研、训、用”中抓重点，促进教师素质提升［J］. 课程教学研究（2）：89-91.

杨芮涵，2017. 农村小学教师学习的学校支持研究［D］. 扬州：扬州大学.

杨志成，2008. 贵州省启动“贵州省农村教师素质提升工程”着力提高农村教师素质［J］. 中教师培训（5）：64.

姚丹丹，2013. 坚守巧是逃离：生命历程视域下偏远山区农村教师职业认同的个案研究［D］. 金华：浙江师范大学.

姚晓迅，2014. 边缘化的打工者：中西部地区乡村教师工作和生活状况调查研究报告. 北京：社会科学文献出版社：3-64.

姚晓迅，2014. 边缘化的打工者：中西部地区乡村教师工作和生活状况调查研究报告［M］. 北京：社会科学文献出版社：3-64.

姚岩，2019. 走向文化自觉：新生代乡村教师的离农化困境及其应对［J］. 中小学教育管理（2）：12-15.

叶澜，1998. 新世纪教师专业素养初探［J］. 教育研究与实验（1）：41-46.

叶澜，等，2001. 教师角色与教师发展新探［M］. 北京：教育科学出版社：121-189.

尹开元，2018. 新时代给乡村教师带来的发展机遇［J］. 基础教育参考（12）：24-25.

于洋洋，2016. 珲春市农村S小学教师专业能力现状及对策研究［D］. 延边：延边大学.

喻梦林，1986. 教师素质若干特征的探讨［J］. 教育理论与实践（5）：29-33.

袁志协，2018. 职业认同：乡村教师发展的桎梏与突破［J］. 内蒙古教育

（12）：40-41.

原雨霖，2017. 义务教育阶段教师心理健康素质问卷的编制［D］. 郑州：河南大学.

张济洲，2013. 农村教师的文化困境及公共性重建［J］. 教育科学（1）：51-54.

张琳琳，2016. 农村中小学教师素质状况调查及分析［J］. 教学与管理（6）：14-16.

张鹏君，2011. 基于新农村建设的农村中小学教师素质研究［D］. 郑州：河南大学.

张素琪，2012. 乡村教师学习机会状况及保障体系研究［D］. 杭州：杭州师范大学.

张晓亮，2015. 我国西南地区乡村教师专业发展的现状调查及对策研究［D］. 重庆：西南大学.
张晓亮，2015. 我国西南地区乡村教师专业发展的现状调查及对策研究［D］. 重庆：西南大学.
张燕肖，2015. 邢台市农村教师素质提升路径探析［J］. 邢台学院学报（3）：18-20.

赵斌，李燕，张大均，2012. 川渝地区特殊教育学校教师职业幸福感状况及影响因素的研究［J］. 中国特殊教育（1）：42-46.
赵斌，李燕，张大均，2012. 川渝地区特殊教育学校教师职业幸福感状况及影响因素的研究［J］. 中国特殊教育（1）：42-46.
赵英，2013. 我国教师素质理论研究述评［J］. 上海教育科研（4）：18-22.

甄德山，1994. 有关教师素质研究中的几个问题［J］. 教育改革（1）：16-18.

周晔，2019. 西北农村中小学教师队伍结构与政策体系研究［M］. 北京：中国社会科学出版社：122-201.

朱许强，2016. 宁南山区农民对乡村教育的信任危机与重建［J］. 现代中小学教育（5）：1-5.

朱哲，2017. 以最优秀的人培养更优秀的人：党的十八大以来教师队伍建设评述［J］. 人民教育（19）：34-37.

宗永杰，2018. 教师素质构成：基于文献综述的探究设想［J］. 江苏教育研究（13）：56-59.

附录 1

集中连片特困地区乡村幼儿教师素质现状调查问卷

尊敬的老师：

您好！感谢您在百忙之中参与本次问卷调查。这是一项关于乡村幼儿教师素质现状的调查研究，您的回答对我们的研究具有十分重要的参考价值。本次调查采用不记名方式，请您按照自己的感受和真实情况填写，不需要有任何顾虑。

衷心感谢您的支持与合作！

祝您工作顺利，心情愉快！

第一部分：基本情况（请在符合您基本情况的选项前打“√”，每题只选一个选项）

1. 您工作的学校位于贵州省集中连片特困地区中的哪个区域：

A. 六盘水市　　B. 安顺市

C. 黔西南布依族苗族自治州　　D. 黔东南苗族侗族自治州

E. 黔南布依族苗族自治州　　F. 遵义

G. 毕节地区

2. 您的性别：

A. 男性　　B. 女性

3. 您的年龄是：

A. 25 岁及以下　　B. 26~36 岁

C. 37~46 岁　　D. 37~46 岁

4. 您的教龄是：

A. 1~5 年　　B. 6~10 年

C. 11~15 年　　D. 16 年及以上

5. 您的最高学历是：

A. 硕士及以上　　B. 本科

C. 专科　　D. 中专、高中及以下

6. 您的职称是：

A. 幼（小）高级　　B. 幼（小）一级

C. 幼（小）二级　　D. 其他

7. 您目前所任教的学科是：

A. 语言　　B. 健康

C. 科学　　D. 社会

C. 艺术　　D. 其他

第二部分：请在符合度的选项中打“√”，选出您认为您自己做到多少的答案。其中，1 代表“完全做不到”，2 代表“偶尔做到”，3 代表“不清楚”，4 代表“经常做到”，5 代表“完全做到”。

<table>
<tr><th>维度</th><th>领域</th><th>指标</th><th>1</th><th>2</th><th>3</th><th>4</th><th>5</th></tr>
<tr><td rowspan="9">专业理念与师德</td><td rowspan="5">职业理解与认识</td><td>1. 贯彻党和国家教育方针政策，遵守教育法律法规</td><td></td><td></td><td></td><td></td><td></td></tr>
<tr><td>2. 理解幼儿保教工作的意义，热爱学前教育事业，具有职业理想和敬业精神</td><td></td><td></td><td></td><td></td><td></td></tr>
<tr><td>3. 认同幼儿园教师的专业性和独特性，注重自身专业发展</td><td></td><td></td><td></td><td></td><td></td></tr>
<tr><td>4. 具有良好职业道德修养，为人师表</td><td></td><td></td><td></td><td></td><td></td></tr>
<tr><td>5. 具有团队合作精神，积极开展协作与交流</td><td></td><td></td><td></td><td></td><td></td></tr>
<tr><td rowspan="4">对幼儿的态度与行为</td><td>6. 关爱幼儿，重视幼儿身心健康，将保护幼儿生命安全放在首位</td><td></td><td></td><td></td><td></td><td></td></tr>
<tr><td>7. 尊重幼儿人格，维护幼儿合法权益，平等对待每一位幼儿。不讽刺、挖苦、歧视幼儿，不体罚或变相体罚幼儿</td><td></td><td></td><td></td><td></td><td></td></tr>
<tr><td>8. 信任幼儿，尊重个体差异，主动了解和满足有益于幼儿身心发展的不同需要</td><td></td><td></td><td></td><td></td><td></td></tr>
<tr><td>9. 重视生活对幼儿健康成长的重要价值，积极创造条件，让幼儿拥有快乐的幼儿园生活</td><td></td><td></td><td></td><td></td><td></td></tr>
</table>

表(续)

维度	领域	指标	1	2	3	4	5
专业理念与师德	幼儿保育和教育的态度与行为	10. 注重保教结合，培育幼儿良好的意志品质，帮助幼儿养成良好的行为习惯					
		11. 注重保护幼儿的好奇心，培养幼儿的想象力，发掘幼儿的兴趣爱好					
		12. 重视环境和游戏对幼儿发展的独特作用，创设富有教育意义的环境氛围，将游戏作为幼儿的主要活动					
		13. 注重丰富幼儿多方面的直接经验，将探索、交往等实践活动作为幼儿最重要的学习方式					
		14. 重视自身日常态度言行对幼儿发展的重要影响与作用					
		15. 重视幼儿园、家庭和社区的合作，综合利用各种资源					
	个人修养与行为	16. 富有爱心、责任心、耐心和细心					
		17. 乐观向上、热情开朗，有亲和力					
		18. 善于自我调节情绪，保持平和的心态					
		19. 勤于学习，不断进取					
		20. 衣着整洁得体，语言规范健康，举止文明礼貌					

表(续)

维度	领域	指标	1	2	3	4	5
专业知识	幼儿发展知识	21. 了解关于幼儿生存、发展和保护的有关法律法规及政策规定					
		22. 掌握不同年龄幼儿身心发展特点、规律和促进幼儿全面发展的策略与方法					
		23. 了解幼儿在发展水平、速度和优势领域等方面的个体差异，掌握对应的策略与方法					
		24. 了解幼儿发展中容易出现的问题与适宜的对策					
		25. 了解有特殊需要的幼儿身心发展特点及教育策略与方法					
	幼儿保育和教育知识	26. 熟悉幼儿园的教育目标、任务、内容、要求和基本原则					
		27. 掌握幼儿园各领域教育的学科特点与基本知识					
		28. 掌握幼儿园环境创设、一日生活安排、游戏与教育活动、保育和班级管理的知识与方法					
		29. 熟知幼儿园的安全应急预案，掌握意外事故和危险情况下幼儿安全防护与救助的基本方法					
		30. 掌握观察、谈话、记录等了解幼儿的基本方法和教育心理学的基本原理与方法					
		31. 了解 0~3 岁婴幼儿保教和幼小衔接的有关知识与基本方法					
	通识性知识	32. 具有相应的自然科学和人文社会科学知识					
		33. 了解中国教育基本情况					
		34. 具有相应的艺术欣赏与表现知识					
		35. 具有一定的现代化信息技术知识					

表(续)

维度	领域	指标	1	2	3	4	5
专业能力	环境的创设与利用	36. 建立良好的师幼关系，帮助幼儿建立良好的同伴关系，让幼儿感到温暖和愉悦					
		37. 建立班级秩序与规则，营造良好的班级氛围，让幼儿感受到安全、舒适					
		38. 创设有助于促进幼儿成长、学习、游戏的教育环境					
		39. 合理利用资源，为幼儿提供和制作适合的玩教具和学习资料，引发和支持幼儿的主动活动					
	一日生活的组织与保育	40. 合理安排和组织一日生活的各个环节，将教育灵活渗透到一日生活中					
		41. 科学照料幼儿日常生活，指导和协助保育员做好班级常规保育和卫生工作					
		42. 充分利用各种教育契机，对幼儿进行随机教育					
		43. 有效保护幼儿，及时处理幼儿的常见事故，危险情况优先救护幼儿					
	游戏活动的支持与引导	44. 提供符合幼儿兴趣需要、年龄特点和发展目标的游戏条件					
		45. 充分利用与合理设计游戏活动的空间，提供丰富、适宜的游戏材料，支持、引发和促进幼儿的游戏					
		46. 鼓励幼儿自主选择游戏内容、伙伴和材料，支持幼儿主动地、创造性地开展游戏，充分体验游戏的快乐和满足					
		47. 引导幼儿在游戏活动中获得身体、认知、语言和社会性等多方面的发展					
	教育活动的计划与实施	48. 制订阶段性的教育活动计划和具体活动方案					
		49. 在教育活动中观察幼儿，根据幼儿的表现和需要，调整活动，给予适宜的指导					
		50. 在教育活动的设计和实施中体现趣味性、综合性和生活化，灵活运用各种组织形式和适宜的教育方式					
		51. 提供更多的操作探索、交流合作、表达表现的机会，支持和促进幼儿主动学习					

表(续)

维度	领域	指标	1	2	3	4	5
专业能力	激励与评价	52. 关注幼儿日常表现，及时发现和赏识每个幼儿的点滴进步，注重激发和保护幼儿的积极性、自信心					
		53. 有效运用观察、谈话、家园联系、作品分析等多种方法，客观地、全面地了解和评价幼儿					
		54. 有效运用评价结果，指导下一步教育活动的开展					
	沟通与合作	55. 使用符合幼儿年龄特点的语言进行保教工作					
		56. 善于倾听，和蔼可亲，与幼儿进行有效沟通					
		57. 与同事合作交流，分享经验和资源，共同发展					
		58. 与家长进行有效沟通合作，共同促进幼儿发展					
		59. 协助幼儿园与社区建立合作互助的良好关系					
	反思与发展	60. 主动收集分析相关信息，不断进行反思，改进保教工作					
		61. 针对保教工作中的现实需要与问题，进行探索和研究					
		62. 制定专业发展规划，积极参加专业培训，不断提高自身素质					
身心健康	身体健康	63. 重视体育锻炼，能坚持有计划、有针对性地参加各种体育活动，提高身体素质					
		64. 有基本的医药、保健知识，能预防常见的幼儿教师职业病					
	心理健康	65. 有良好的心态，具有协调和控制情绪的能力					
		66. 有积极、健康、合理的生活和工作习惯					

附录 2

集中连片特困地区乡村小学教师素质现状调查问卷

尊敬的老师：

您好！感谢您在百忙之中参与本次问卷调查。这是一项关于乡村小学教师素质现状的调查研究，您的回答对我们的研究具有十分重要的参考价值。本次调查采用不记名方式，请您按照自己的感受和真实情况填写，不需要有任何顾虑。

衷心感谢您的支持与合作！

祝您工作顺利，心情愉快！

第一部分：基本情况（请在符合您基本情况的选项前打“√”，每题只选一个选项）

1. 您工作的学校位于贵州省集中连片特困地区中的哪个区域：

A. 六盘水市　　B. 安顺市

C. 黔西南布依族苗族自治州　　D. 黔东南苗族侗族自治州

E. 黔南布依族苗族自治州　　F. 遵义

G. 毕节地区

2. 您的性别：

A. 男性　　B. 女性

3. 您的年龄是：

A. 30 岁及以下　　B. 31~40 岁

C. 41~50 岁　　D. 51~60 岁

4. 您的教龄是：

A. 1~5 年　　B. 6~10 年

C. 11~15 年　　D. 16 年及以上

5. 您的最高学历是：

A. 硕士及以上　　B. 本科

C. 专科　　D. 中专、高中及以下

6. 您的职称是：

A. 小学高级　　B. 小学一级

C. 小学二级　　D. 其他

7. 您目前所任教的学科是：

A. 语文　　B. 数学

C. 外语　　D. 体育

C. 音乐　　D. 美术

E. 科学　　F. 社会

G. 其他

第二部分：请在符合度的选项中打“√”，选出您认为您自己做到多少的答案。其中，1 代表“完全做不到”，2 代表“偶尔做到”，3 代表“不清楚”，4 代表“经常做到”，5 代表“完全做到”。

维度	领域	指标	1	2	3	4	5
专业理念与师德	职业理解与认识	1. 贯彻党和国家教育方针政策，遵守教育法律法规					
		2. 理解小学教育工作的意义，热爱小学教育事业，具有职业理想和敬业精神					
		3. 认同小学教师的专业性和独特性，注重自身专业发展					
		4. 具有良好职业道德修养，为人师表					
		5 具有团队合作精神，积极开展协作与交流					
	对小学生的态度与行为	6. 关爱小学生，重视小学生身心健康，将保护小学生生命安全放在首位					
		7. 尊重小学生独立人格，维护小学生合法权益，平等对待每一位小学生。不讽刺、挖苦、歧视小学生，不体罚或变相体罚小学生					
		8. 信任小学生，尊重个体差异，主动了解和满足有益于小学生身心发展的不同需要					
		9. 积极创造条件，让小学生拥有快乐的学校生活					

表(续)

维度	领域	指标	1	2	3	4	5
专业理念与师德	教育教学的态度与行为	10. 树立教育为本、德育为先的理念，将小学生的知识学习、能力发展与品德养成相结合，重视小学生全面发展					
		11. 尊重教育规律和小学生身心发展规律，为每一个小学生提供适合的教育					
		12. 引导小学生体验学习乐趣，保护小学生的求知欲和好奇心，培养小学生的广泛兴趣、动手能力和探究精神					
		13. 引导小学生学会学习，养成良好的学习习惯					
		14. 尊重和发挥好少先队组织的教育引导作用					
	个人修养与行为	15. 富有爱心、责任心、耐心和细心					
		16. 乐观向上、热情开朗、有亲和力					
		17. 善于自我调节情绪，保持平和心态					
		18. 勤于学习，不断进取					
		19. 衣着整洁得体，语言规范健康，举止文明礼貌					
专业知识	小学生发展知识	20. 了解关于小学生生存、发展和保护的有关法律法规及政策规定					
		21. 了解不同年龄及有特殊需要的小学生身心发展特点和规律，掌握保护和促进小学生身心健康发展的策略与方法					
		22. 了解不同年龄小学生学习的特点，掌握小学生良好行为习惯养成的知识					
		23. 了解幼小和小初衔接阶段小学生的心理特点，掌握帮助小学生顺利过渡的方法					
		24. 了解对小学生进行青春期和性健康教育的知识和方法					
		25. 了解小学生安全防护的知识，掌握针对小学生可能出现的各种侵犯与伤害行为的预防与应对方法					

表(续)

维度	领域	指标	1	2	3	4	5
专业知识	学科知识	26. 适应小学综合性教学的要求，了解多学科知识					
		27. 掌握所教学科知识体系、基本思想与方法					
		28. 了解所教学科与社会实践、少先队活动的联系，了解所教学科与其他学科的联系					
	教育教学知识	29. 掌握小学教育基本理论					
		30. 掌握小学生品行养成的特点和规律					
		31. 掌握不同年龄小学生的认识规律和教育心理学的基本原理和方法					
		32. 掌握所教学科的课程标准和教学知识					
	通识性知识	33. 具有相应的自然科学和人文社会科学知识					
		34. 了解中国教育基本情况					
		35. 具有相应的艺术欣赏与表现知识					
		36. 具有适应教学内容、教学手段和方法现代化的信息技术知识					
专业能力	教育教学设计	37. 合理制订小学生个体与集体的教育教学计划					
		38. 合理利用教学资源，科学编写教案					
		39. 合理设计主题鲜明、丰富多彩的班级和少先队活动					

表(续)

维度	领域	指标	1	2	3	4	5
专业能力	组织与实施	40. 建立良好的师生关系，帮助小学生建立良好的同伴关系					
		41. 创设适应的教学情境，根据小学生的反应及时调整教学活动					
		42. 调动小学生学习积极性，结合小学生已有的知识和经验激发学习兴趣					
		43. 发挥小学生主体性，灵活运用启发式、探究式、讨论式、参与式等教学方式					
		44. 发挥好少先队组织生活、集体活动、信息传播等教育功能					
		45. 将现代教育技术手段整合应用到教学中					
		46. 较好使用口头语言、肢体语言与书面语言，使用普通话教学，规范书写钢笔字、粉笔字、毛笔字					
		47. 妥善应对突发事件					
		48. 鉴别小学生行为和思想动向，用科学的方法防止和有效矫正不良行为					
	激励与评价	49. 对小学生日常表现进行观察与判断，发现和赏识每一位小学生的点滴进步					
		50. 灵活使用多元评价方式，给予小学生恰当的评价和指导					
		51. 引导小学生进行积极的自我评价					
		52. 利用评价结果不断改进教育教学工作					
	沟通与合作	53. 使用符合小学生特点的语言进行教育教学工作					
		54. 善于倾听，和蔼可亲，与小学生进行有效沟通					
		55. 与同事合作交流，分享经验和资源，共同发展					
		56. 与家长进行有效沟通合作，共同促进小学生发展					
		57. 协助学校和社区建立合作互助的良好关系					

表(续)

维度	领域	指标	1	2	3	4	5
专业能力	反思与发展	58. 主动收集分析相关信息，不断进行反思，改进教育教学工作					
		59. 针对教育教学工作中的现实需要与问题，进行探索和研究					
		60. 制定专业发展规划，积极参加专业培训，不断提高自身专业素质					
身心健康	身体健康	61. 重视体育锻炼，能坚持有计划、有针对性地参加各种体育活动，提供身体素质					
		62. 有基本的医药、保健知识，能预防常见的小学教师职业病					
	心理健康	63. 有良好的心态，具有协调和控制情绪的能力					
		64. 有积极、健康、合理的生活和工作习惯					

附录 3

集中连片特困地区乡村中学教师素质现状调查问卷

尊敬的老师：

您好！感谢您在百忙之中参与本次问卷调查。这是一项关于乡村中学教师素质现状的调查研究，您的回答对我们的研究具有十分重要的参考价值。本次调查采用不记名方式，请您按照自己的感受和真实情况填写，不需要有任何顾虑。

衷心感谢您的支持与合作！

祝您工作顺利，心情愉快！

第一部分：基本情况（请在符合您基本情况的选项前打“√”，每题只选一个选项）

1. 您工作的学校位于贵州省集中连片特困地区中的哪个区域：

A. 六盘水市　　B. 安顺市

C. 黔西南布依族苗族自治州　　D. 黔东南苗族侗族自治州

E. 黔南布依族苗族自治州　　F. 遵义

G. 毕节地区

2. 您的性别：

A. 男性　　B. 女性

3. 您的年龄是：

A. 30 岁及以下　　B. 31~40 岁

C. 41~50 岁　　D. 51~60 岁

4. 您的教龄是：

A. 1~5 年　　B. 6~10 年

C. 11~15 年　　D. 16 年及以上

5. 您的最高学历是：

A. 硕士及以上　　B. 本科

C. 专科　　D. 中专、高中及以下

6. 您的职称是：

A. 中学高级　　B. 中学一级

C. 中学二级　　D. 其他

7. 您目前所任教的学科是：

A. 语文　　B. 数学

C. 物理　　D. 化学

C. 生物　　D. 地理

E. 历史　　F. 政治

G. 外语　　H. 体育

I. 音乐　　J. 美术

K. 信息技术　　L. 其他

第二部分：请在符合度的选项中打“√”，选出您认为您自己做到多少的答案。其中，1 代表“完全做不到”，2 代表“偶尔做到”，3 代表“不清楚”，4 代表“经常做到”，5 代表“完全做到”。

维度	领域	指标	1	2	3	4	5
专业理念与师德	职业理解与认识	1. 贯彻党和国家教育方针政策，遵守教育法律法规					
		2. 理解中学教育工作的意义，热爱中学教育事业，具有职业理想和敬业精神					
		3. 认同中学教师的专业性和独特性，注重自身专业发展					
		4. 具有良好职业道德修养，为人师表					
		5. 具有团队合作精神，积极开展协作与交流					

表(续)

维度	领域	指标	1	2	3	4	5
专业理念与师德	对学生的态度与行为	6. 关爱中学生，重视中学生身心健康，保护中学生生命安全					
		7. 尊重中学生独立人格，维护中学生合法权益，平等对待每一位中学生。不讽刺、挖苦、歧视中学生，不体罚或变相体罚中学生					
		8. 尊重个体差异，主动了解和满足中学生的不同需要					
		9. 信任中学生，积极创造条件，促进中学生的发展					
	教育教学的态度与行为	10. 树立教育为本、德育为先的理念，将中学生的知识学习、能力发展与品德养成相结合，重视中学生全面发展					
		11. 尊重教育规律和中学生身心发展规律，为每一个中学生提供适合的教育					
		12. 激发中学生的求知欲和好奇心，培养中学生的学习兴趣和爱好、营造自由探索、勇于创新的氛围					
		13. 引导中学生自主学习、自强自立，培养良好的思维习惯和适应社会的能力					
		14. 尊重和发挥好共青团、少先队组织的教育引导作用					
	个人修养与行为	15. 富有爱心、责任心、耐心和细心					
		16. 乐观向上、热情开朗、有亲和力					
		17. 善于自我调节情绪，保持平和心态					
		18. 勤于学习，不断进取					
		19. 衣着整洁得体，语言规范健康，举止文明礼貌					

表(续)

维度	领域	指标	1	2	3	4	5
专业知识	教育知识	20. 掌握中学教育的基本原理与方法					
		21. 掌握班级、共青团、少先队建设与管理的原则与方法					
		22. 掌握教育心理学的基本原理和方法，了解中学生身心发展的一般规律					
		23. 了解中学生世界观、人生观、价值观形成的过程及教育方法					
		24. 了解中学生思维能力、创新能力和实践能力发展的过程与特点					
		25. 了解中学生群体文化的特点与行为方式					
	学科知识	26. 理解所教学科的知识体系、基本思想与方法					
		27. 掌握所教学科内容的基本知识、基本原理与技能					
		28. 了解所教学科与其他学科的联系					
		29. 了解所教学科与社会实践、少先队活动的联系					
	学科教学知识	30. 掌握所教学科课程标准					
		31. 掌握所教学科课程资源开发与校本课程开发的主要方法与策略					
		32. 了解中学生在学习具体学科内容时的认知特点					
		33. 掌握针对具体学科内容进行教学和研究性学习的方法与策略					
	通识性知识	34. 具有相应的自然科学和人文社会科学知识					
		35. 了解中国教育基本情况					
		36. 具有相应的艺术欣赏与表现知识					
		37. 具有适应教学内容、教学手段和方法现代化的信息技术知识					

表(续)

维度	领域	指标	1	2	3	4	5
专业能力	教学设计	38. 科学设计教学目标和教学计划					
		39. 合理利用教学资源和方法设计教学过程					
		40. 引导和帮助中学生设计个性化的学习计划					
	教学实施	41. 营造良好的学习环境与氛围，激发和保护中学生的学习兴趣					
		42. 通过启发式、探究式、讨论式、参与式等多种方式，有效实施教学					
		43. 有效调控教学过程，合理处理课堂偶发事件					
		44. 引导中学生独立思考和主动探究，发展学生创新能力					
		45. 发挥好共青团、少先队组织生活、集体活动、信息传播等教育功能					
		46. 将现代化教育技术手段整合应用到教学中					
	班级管理与教育活动	47. 建立良好的师生关系，帮助中学生建立良好的同伴关系					
		48. 注重结合学科教学进行育人活动					
		49. 根据中学生世界观、人生观、价值观形成的特点，有针对性地组织开展德育活动					
		50. 针对中学生青春期生理和心理发展特点，有针对性地组织开展有益身心健康发展的教育活动					
		51. 指导学生理想、心理、学业等多方面发展					
		52. 有效管理和开展班级、共青团、少先队活动					
		53. 妥善应对突发事件					
	教育教学评价	54. 利用评价工具，掌握多元评价方法，多视角、全过程评价学生发展					
		55. 引导学生进行自我评价					
		56. 自我评价教育教学效果，及时调整和改进教育教学工作					

表(续)

维度	领域	指标	1	2	3	4	5
专业能力	沟通与合作	57. 了解中学生，平等地与中学生进行沟通交流					
		58. 与同事合作交流，分享经验和资源，共同发展					
		59. 与家长进行有效沟通合作，共同促进中学生发展					
		60. 协助学校与社区建立合作互助的良好关系					
	反思与发展	61. 主动收集分析相关信息，不断进行反思，改进教育教学工作					
		62. 针对教育教学工作中的现实需要与问题，进行探索和研究					
		63. 制定专业发展规划，积极参加专业培训，不断提高自身专业素质					
身心健康	身体健康	64. 重视体育锻炼，能坚持有计划、有针对性地参加各种体育活动，提高身体素质					
		65. 有基本的医药、保健知识，能预防常见的中学教师职业病					
	心理健康	66. 能指导学生科学地安排学习、生活和锻炼					
		67. 有良好的心态，具有协调和控制情绪的能力					
		68. 有积极、健康、合理的生活和工作习惯					